大人の美学
245の視点

山口路子

大和書房

序章

これからどんなふうに年齢を重ねていこう

これからどんなふうに年齢を重ねていこう。

そんなことを真剣に考え始めたのはいつのころだったのでしょう。

「もう若くはない」とはじめて体感したのは、「もう若くはない」があたりまえになったのは、いったい何歳のころだったのでしょう。

これまでと同じファッションが似合わなくなってきたのは何歳くらいだったのでしょう。

失われゆく肉体の若さを自覚して、内面を豊かに育《はぐく》みたい、と焦りに近い感覚で頻繁《ひんぱん》に思うようになったのは何歳のころだったのでしょう。

何かにふれたときの感動が淡い色になってくる「精神の老化」を恐れたのは、慣れ始めてきてしまったのは、何歳のころだったのでしょう。

1 うっかり歳をとってしまいそうで怖い

三十代にはいったころかな、と思うこともあれば、いや、四十代でしょう、と思うこともあって、はっきり、あのとき、と覚えているわけではないものの、いま私は五十五歳なので、かなり長い間「これからどんなふうに年齢を重ねていこう」というテーマとつきあっていることは確かです。

そしてこのテーマ、年々切実になり、いいかげん、ここで真剣に考え、書いておかないと、うっかり歳をとってしまいそうで怖い、とまで思うようになってきました。

2 失われゆく若さ

そして、そんなことをトークイベントの場などで話すと、男性も女性も興味を示して、いいえ、それは興味というよりは熱意に近く、みんな前のめりの姿勢に。

これからのファッションはどうする？　メイクやヘアスタイルは？

恋愛はどうなる？　性愛は？

周囲の人たちにとってどんな存在になればいいの？

そもそも美しく年齢を重ねるって可能なの？

どうしたらいいの？

「いまの私が最高」って明るく言えない私はダメなの？

失われゆく若さと引き換えに得るものはあるの？

先人たちはどんなふうなことを考え、どんなふうに年齢を重ねていったの？


問いが次から次へと溢れ出てきます。

年齢を重ねるということ、どんなふうに重ねていったらいいのか考えるきっかけがほしい人は少なくないようです。またその年齢層は二十代の後半から六十代と幅広いことがこのテーマの永遠さを物語っているようでもあります。

このままだとうっかり歳をとってしまいそうで怖い、という私自身の切実な問題に加えて、トークイベントなどで出会った読者の方々や友人知人との交流から感じとった彼らの熱意、これらが本書執筆の原動力です。

3 どうせ歳をとるなら

これからどんなふうに年齢を重ねていこう……。漫然と、うっかり歳をとってしまうのは嫌、そして、どうせ歳をとるなら美しく歳をとりたい、美しい大人でありたい。

そう願ったとき、絶対的に必要になってくるのが美学なのだと私は考えます。

美学とは本来「自然・芸術におけるさまざまな美を通して、美の本質・原理などを研究する学問」のことではありますが、もっとやわらかな意味で使われることもあって、私自身は「美学」を「美しさについての考え方や感じ方、趣味嗜好《しゅみしこう》」くらいにとらえています。

いったい自分はどんな人を美しいと思うのか、そもそも、自分はどんなことを、どんなものを美しいと感じるのか。これが美学というものですが、こういった自分の美学、美の基本、美の種子と言ってもいい、これがないところからは何も育たない。美学をもたなかったら「美」しい大人であることも、「美」しく年齢を重ねることも、真の意味では不可能ではないかと思います。

美には傷以外の起源はない

とはいえ、美しさとは、「美」とは、何なのでしょう。

これはとても難しい問題。古今東西の思想家、作家、芸術家たちが生涯をかけて取り組んできたテーマです。

愛用の辞典によると「美しい＝いつまでも見ていたい、聞いていたい、と思うほどにその色や形、声音がいい感じを与える。誰もがそうありたいと思うほどのようすがある」という意味ですが、私が「美」について語るとき必ず登場してもらう言葉たちがあります。フランスの小説家ジャン・ジュネの言葉。

美には傷以外の起源はない。

「フランスの美の哲人」と称されるアーティスト、セルジュ・ルタンス、彼は資生堂のアートワークなどで日本でも有名です。彼の言葉。

美というものは希少さを望んでいる。
美とは、はっと息をのむもの、印象に残るもの。
自分の現実を知り、自分にふさわしい美を採用することが肝要《かんよう》。

5

胸ゆさぶられ、ふいうちで落涙

どの言葉も、わかりやすくはありません。けれど、考えさせられます。

考えて考えて、ルタンスが言うように「自分にふさわしい美を採用」すべく、たえまのない精神活動を行うことがたいせつなのだと思います。この行為こそが自己の美学の研磨《けんま》です。

私は、ジュネやルタンスのような「美」そのものを表現する独創的な言葉をいまだにもたないけれど、美しいものにふれたときには、それは真冬の濃紺《のうこん》の夜空に浮かぶ白い月だったり、ある人がぎりぎりのところで見せた優しいまなざしだったり、ノスタルジーをかきたてる一枚の絵画だったり、さまざまですが、問答無用に意味不明に胸ゆさぶられます。ふいうちで落涙《らくるい》です。

本書では「美」という言葉を使うとき、「胸ゆさぶられ、ふいうちで落涙」、そんなイメージでゆきたいと思います。

6 「大人」って何歳から

そして私は美しい大人でありたい。大人、と私は言いました。本書のタイトルにもあります。

けれど、いったい大人とは何歳からなのでしょう。「大人」って何歳からですか、と問われたら何歳と答えますか？　即答できる人はどのくらいいるのでしょうか。

無邪気な人は「成人とされる二十歳からでしょう」と答えるかもしれません。でも私は無邪気ではないので、愛用の辞典で「大人」をひいてみます。

大人＝一人前に成人した人のことであり、これは自覚・自活能力をもち、社会の裏表も少しずつわかりかけてきた意味が含まれる。

すぐさま私は「自活能力」に反応してしまいます。というのも物書きなんて経済的には不安定そのものですから、辞典的な意味からすれば、私は今年は大人かもしれないけど来年はわからない、ということになります。

「大人」って曖昧。辞典的な意味では、私ほどではなくても、いったいいつから自分は大人になったのか、それともまだなのか、すぐに答えられない人もいるのではないでしょうか。

私が「大人」という言葉を使うとき、しっくりくるイメージは、もう若くはない、いままでと同じようにはいかない、と自分の年齢を意識し始めた人たちです。冒頭で言ったように私自身、もう若くはない自分の年齢を意識してはじめて、さて、これからどんなふうに年齢を重ねていこうか、と真剣に考え始めたように思います。

なので本書では「大人」を「どんなふうに年齢を重ねていこうかと真剣に考え始めてから以降の年代」とすることにします。「真剣に」がポイントです。

7 どんな大人に憧れるか

私はどんな大人を美しいと思うのか、どんな大人に憧れるのか。

「真剣に」考え、思いつくまま箇条書きにし、また考えて、いくつかを消して、似たものはまとめて、あれこれと考えた結果、六つのテーマがくっきりとあらわれました。

スタイルのある人になりたい、色香のある人でいたい、愛する人をめざしたい、変容する人でありたい、知性の人に惹かれる、シワにキスされる人になれたら感無量。

8 これからどんな服を着よう

第一章のテーマは「スタイルのある人」。

年齢とともに外見は変わります。それにどのように対応するか。これは無視できない問題です。これからどんな服を着よう。どんなファッション、ヘアメイクが年齢にふさわしいのか。美しく年齢を重ねている人たちはどんなファッションを選んでいるのか。「スタイル」をキーワードにファッションとその周辺、外見の美について考えます。

9 色気でもセクシーでもなく「色香」

第二章のテーマは「色香のある人」。

さまざまな年齢の重ね方がありますが、やはり、どこか艶《なまめ》かしさはほしいところです。どんなに年齢を重ねても色香のある人はいます。色香というのは年齢とともに失われるほど軽薄で表層的なものではないはず。色香について、さまざまな角度から考えます。

10 「愛されたい」から「愛したい」シーズンへ

第三章のテーマは「愛する人」。

これまでの人生、恋愛に限らず、さまざまな場面で年上の人たちから多くのものを与えられてきました。愛するより愛されてきた、そんな状況のほうが多かったように思います。周りを見渡せばいつしか「還元のシーズン」が始まっているようです。いままでの人生で与えられてきたものを還元する、与える側になる、そんな人生のシーズン。「愛する」という難問について考えます。

11 変わることを楽しむなんて無理だけど

第四章のテーマは「変容する人」。

ある程度の年齢になったから自分のやり方を貫く、という生き方もあるでしょう。けれど私は、根本のところに普遍なものをかかえながらも、他者との関わりのなかでしなやかに変容する人でありたいと思います。

年齢を重ねるなかではあらゆることが変わります。変わることを楽しむことはできなくても、恐れないでいたい。変容しながら生きることの美しさについて考えます。

12 内面の美は知性に宿る

第五章のテーマは「知性の人」。

年齢を重ねるにつれ、外見のあれこれや肉体の機能が輝きを失ってゆく。それはもうどうしようもないことなのだとしても、けれどだからこそ、知性によってにじみでる内面の美しさが際立《きわだ》つのではないかと思います。

私が惹《ひ》かれる美しい大人はみな「知性の人」です。知性の人とはどんな人なのか、どんな美を内包しているのか、そんなことを考えます。

13

これもあなたの人生の軌跡

第六章のテーマは「シワにキスされる人」。

このテーマタイトルは、さすがにためらいがありました。けれど最終的にはこんなふうな人になれたらいいなあ、がここにあるので、思いきってこのタイトルにしてみました。夢物語だとしても希望をもつのは自由、とひとりで開き直りながらです。

たとえば目尻のシワに「これもあなたの人生の軌跡。愛《いと》しい」とくちびるを寄せられるような、くちびるでなくても、視線でシワを愛《め》でてもらえるような、そして自分自身もそのシワを愛しく思えるような、そのときどきの自分にイエスと言えるような、そんなのがいいなあ、と思います。

ここで重要なのが、そのような生き方をしているか、ということ。この章は生き方についての章でもあります。

14

私は私のことしか知らない

それぞれのテーマのもと、私という個人の考え、体験を綴《つづ》りました。

あえて「私という個人」にこだわったのには理由があって、私は「私たち」という言葉が嫌いなのです。

ルー・サロメの伝記映画に『ルー・サロメ　善悪の彼岸《ひがん》』があります。ルー・サロメはニーチェが絶望的に愛した女であり、リルケを詩人にした女であり、晩年のフロイトの協力者であった人。映画のなかで、ある女性から「私たちには女性と社会への責任があるわよね」と言われたルー・サロメは次のように答えます。

私たち？　あなたが主張する私たちって何なの？　私は私のことしか知らない。

この言葉がとても好きだし、自分のセリフのように思えます。私の生き方のひとつの軸があります。

ある時期から自分の作品のなかで意識的に「私たち」を使わなくなりました。「私たち」を使ったほうが書きやすいようなところでも、意地でも使わないもんね、と別の表現を考えているくらいです。

万人に共通の大人の美学なんてありません。私たちの美学なんていうのもありません。個人の美学があるかないかだけの問題なのだと思います。

15

個人の美学

本書には、私がこれまでにふれてきた人たちの生き方、言葉、本、映画などをたくさん織りこみました。読者の方の心にひとつでも残る何かがあればいいなと思います。

そして、かなり私的なことも書きました。私の考え、体験が、読者の方それぞれの個人の美学を見つめるきっかけになれたなら、とても嬉しいです。

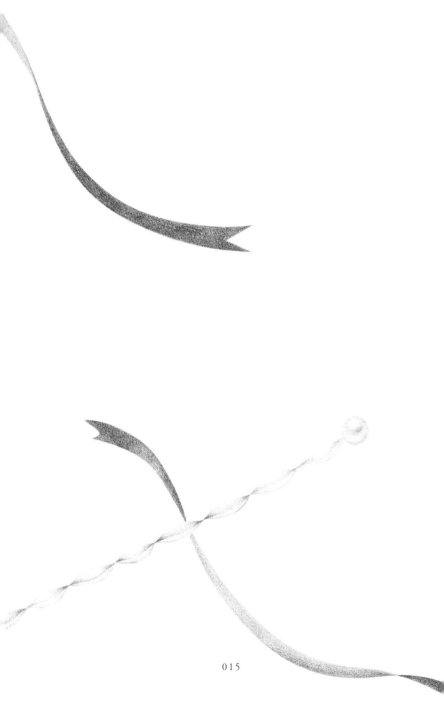

『大人の美学245の視点』contents

序章　これからどんなふうに年齢を重ねていこう

第一章 ◎ スタイルのある人

第二章 色香のある人

第四章 変容する人

第一章　スタイルのある人

これからどんな服を着よう。

いままでの服ではしっくりこない、似合わなくなってきてしまった、これからはどんなファッション、ヘアメイクが似合うのだろう……。

そういった外見のあれこれを真剣に考え始めたのは四十代のはじまりのころでした。街を歩いていても、雑誌を眺めていても自分より年齢が上の女性ばかりに目がゆき、肌の露出、ドレスのライン、ヒールの形や高さなど、どんなものがよいのか、どんなのがもっとも自分を引き立てることができるか、年齢にふさわしい魅力を醸《かも》し出すことができるのか、そんなことばかりを考えていました。

あれから十年余りが経ったというのにいまだ彷徨《さまよ》い中、さらに切実なテーマとなっているわけですが、憧れのキーワードだけはあって、それは「スタイル」。私はスタイルのある人に憧れます。

16 その人だけの原則に基づいたファッション

スタイルとは何か。

スタイルstyleには、原則、特徴、手段、外見……といった意味があります。私の憧れのキーワードとしての「スタイル」は、この意味のなかでは「原則」がもっとも近くて、たとえば「あの人はスタイルがある」といったときに使う「スタイル」のイメージ。きわめて個人的なもの、ほかの人と区別するもの、その人の中心に存在するその人だけの原則。きりり、としています。

これをファッションに関連づけます。

服を着るということは、自分という人間を表現すること。これが私のファッション観の中心にあります。ですから私が憧れる「スタイルのある人」とは「その人だけの原則に基づいて、その年齢の自分を表現するにふさわしいファッションを選択している人」。自分だけの原則がある、ということが肝要です。

17 山本耀司《やまもとようじ》、最先端の表現

ところで、ファッションについて考えるとき、いつも想う言葉があります。

ファッションデザイナー山本耀司のインタビューをまとめた『服を作る』から。

ファッションというのは物書きでさえ書けない、言葉にできないものを形にする最先端の表現だと思っています。だからどんなに知性があってもファッションをばかにしている人は信用できない。たとえ評論家や建築家であってもです。着ている服でその人が本物かどうかわかります。

私は物書きのはしくれなので複雑な想いはありますが、山本耀司の言葉には大きくうなずきます。

私は、山本耀司が言う意味においてファッションが好きだし、先に語ったように「服を着るということは、自分という人間を表現すること」ですから、ファッションについて考えることは生き方を考えることにも通ずると思うのです。

これからの年齢にふさわしいファッションを考えたとき、スタイルのある人になりたい、と言いました。

そしてスタイルのある人は……と思いをめぐらせると、つぎつぎと何人もの人たちの姿が浮かびます。思いつくままに語ってみます。

18 ジェーン・バーキンのスタイル

二〇二一年現在七十五歳のジェーン・バーキンは「素敵に年齢を重ねる」「永遠のファッション・アイコン」という言葉とともに注目を集め続けています。

若いころのファッションばかりが取り上げられる女優も多いなか、彼女が特別なのは、年齢を重ねてからのファッションが、多くの女性たちの憧れとなっていることです。メンズライクで無造作な着こなしなのに、フェミニンで色香もある。まさに「ジェーン・スタイル」としか言いようのないものがそこにあります。

ジェーンがメイクもふくめてファッションを変えたのは四十代になってから。

四十歳になる前の私は、メイクも入念にしていたし、着るものもフェミニンなものが好きだったわ。

けれど、新しい恋人、映画監督のジャック・ドワイヨンに「素顔がとても素敵だ」と言われ、まずメイクを変えます。ジェーンは好きな男性の意見を無邪気に取り入れるところがあり、この場合もその一例でジェーンの個性なのですが、それについては四章で語ることにして、ここはファッションに集中しましょう。

メイクをナチュラルにしたら、必然的にメンズっぽいのが似合うようになってきて、だからシャツもジーンズも、男物なのよ。

七十歳を超えてもファッション関連のインタビューを受けることが多いジェーンですが、彼女の近年の言葉には、なるほど、とうなずきたいものがたくさんあります。

19

自分の体をカモフラージュ

たとえば、年齢を重ねたジェーンの、この言葉が私はとても好きです。

これからは素材の良いものだけを着て、自分の体をカモフラージュしてゆきたいわ。

カモフラージュcamouflageとはフランス語で、「周囲の風景に溶けこみ、敵の視線を欺き、対象を発見されないようにするための方法」。ファッションでは、おもに迷彩的な柄のことを言いますが、ジェーンがここで言いたかったのは「素材の良いものを着ることによって自分という素材を良く見せちゃうの」ということでしょう。

これからはとにかく質の良いものを、と思います。数よりも質です。たとえば十枚の安価なセーターよりも一枚の上質なカシミアのセーターを、十枚の安価なブラウスよりも一枚の上質なシルクのブラウスを私は選びたい。

ジェーンのように、上質な素材のエナジーを借りて、年齢とともに衰《おとろ》えてゆく肌や肉体を上質に見せてしまおうという魂胆なのです。

20 リフティングしない理由

ジェーンはいわゆるアンチエイジングには否定的です。

私はとても傲慢《ごうまん》な性格なの。他人と違う自分らしさを消したくないから、流行のリフティングもしようとは思わないわ。それに、そのほうが、娘たちに将来こうなるのよ、っていう見本にもなるでしょう?

シワの刻まれた顔を見れば、この言葉が嘘ではないことがわかります。そのままを受け入れて、年齢による変化に自分を合わせる、これがジェーンのスタイルです。

21 ココ・シャネルのスタイル

ファッションにとどまらず「女の生き方革命」を成し遂げたとして「二十世紀を代表する人物のひとり」と評価されているココ・シャネル。

シャネルは人生の終盤、十五年間の沈黙を破って七十一歳でモード界にカムバックするという驚異的なことをしますが、このときのコレクションにあったのがシャネルスーツで、これが爆発的にヒットすると、彼女はシャネルスーツに力を注いでゆきます。

これがモード界の女王の究極のスタイルなのか、と私が感銘を受けた晩年の言葉を。

私はシャネルスーツを二着もっている。この二着で私はいつもちゃんとした格好をしていられる。これがシャネルというものだ。

この言葉は嘘ではなく、住居としていたパリのホテル・リッツの一室で彼女が亡くなったとき、クローゼットにあったのはシャネルスーツが二着だけでした。

22 究極のミニマリスト

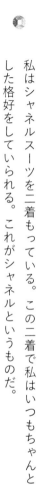

ミニマムライフという言葉、「断捨離」と合わせてちょっと前からよく耳にしますが、これは余分なものを排除して、本当に必要なものだけで暮らすライフスタイルのこと。ミニマリストとは、それを実践する人のことですが、シャネルこそ、究極のミニマリストでしょう。

シャネルはデビューした当初からミニマリストでした。なにしろ「シンプルで、着心地がよく、無駄がない」こと、この三つのポイントがシャネルスタイルの基本中の基本だったのですから。

23

アクセサリーをひとつ外す

次の言葉もシャネルスタイルの根本をなすものです。

つねに除去すること。つけ足しは絶対にいけない。

この言葉は私の生活のなかでうるさいほどに活きています。

たとえば出かける直前、鏡の前で全身をチェックして、アクセサリーをひとつ外す。

なんでもよいからひとつ除去するのです。ネックレスと指輪をコーディネイトしてつけていたとしても、どちらかを思いきって外す。ああ、指がさびしい、と思ったりして物足りない気分になることもあるけれど、シャネルの言うことをちゃんと聞いて、何かひとつ除去する。

おもしろいもので、慣れてくると、この行為が一種の儀式のようになってきて、しないと落ち着かなくなります。そして電車などで過剰な女性を見かけると、ああ、あのアクセサリーひとつ外しちゃいたい、と思ったりするわけです。

24

ジャンヌ・モローのスタイル

シャネルの服を、シャネル以上に着こなしていたのではないか、と思う女優にジャンヌ・モローがいます。フランスでは最高度に尊敬されている女優。二〇一七年の夏、八十九歳で亡くなったことを知ったときの喪失感は自分でも驚くほどのものでした。

それほどの存在なので、私は彼女の出演作のほとんどを観

ていますが、なかでも最晩年の映画『クロワッサンで朝食を』の存在感には惚《ほ》れ惚《ぼ》れしてしまいました。気難しく孤独なパリの老婦人を演じていて、彼女のファッションがシャネル。すべて私物。

若いころシャネルに可愛がられていて、ピエール・カルダンと交際を始めてカルダンを着るようになってシャネルから嫌われてしまったジャンヌ・モローですが、彼女が八十四歳にして披露したシャネルスタイル、もし見ていたなら気難しいシャネルも満足したのではないか、と想像します。

シワでいっぱいの顔にきっちりメイクをして、シャネルを着てじゃらじゃらアクセサリーをつけて、それがかっこいい。

25 ピナ・バウシュのスタイル

舞踏家のピナ・バウシュ、彼女のスタイルも吐息が出るほどに美しい。

六十八歳で亡くなりましたが、ある程度の年齢を超えたピナは髪を真ん中で分けて後ろで束ね、ノーメイクではないけれど、ほとんどノーメイクに見えるメイク、黒い服に煙草がよく似合います。

ピナは山本耀司の服が好きでした。

山本耀司がはじめてピナに出逢ったのはピナが四十代後半。それからおよそ十年後、ピナの舞台衣装をデザインしていますが、彼がピナについて語った文章を読んでいると、そうとうピナのことが好きだったんだな、と微笑ましく思います。

別に僕の服じゃなくても、黒い長いジャケットを着ているだけで絵になる人だった。年を重ねても美しかった。ほんとうに美しい人だった。

髪も、おそらくほとんどカラーリングしていなくて、ひっつめで、薄めのメイクで山本耀司を着こなす六十代のピナの写真には、いつだって見惚れてしまいます。

26

ナチュラルへの違和感

ピナ、そしてジェーン・バーキンのスタイルも「ナチュラル」と表現されることがあります。「大人の女のファッション」が語られるときに、よく使われる言葉です。ナチュラルという言葉に出会わないファッション誌を見つけるのは難しいほどに。

けれど、私は「ナチュラル」、この言葉を聞いたり見たりすると背中がもぞもぞとしてくるのです。

愛用の辞典によれば、ナチュラルについてはざっとこんなかんじです。

1　人工（人為）が加わっていないようす。
2　わざとそうしたと感じさせる点が見られないようす。
3　音楽でシャープやフラットで変えた音を、もとの高さに戻す記号。

3はこの場合外すとして、ファッションでは1、2あたりのことを言っているのでしょう。そして私はナチュラルという言葉を人が発するとき、いったいどちらの意味で言っているのか気になってしかたがない。だから背中がもぞもぞするのかもしれません。

言葉の意味を考えただけでも、ファッションやヘアメイクにおける「ナチュラル」は曲者《くせもの》です。

27 難関ナチュラル

1の意味なら、ソニア・リキエルの言葉があります。

削いだような頬、どこまでも広がる赤毛が強烈なファッションデザイナーは、ナチュラルについてこんなことを言っています。

ナチュラルでいられる人なんていないの。ありのままでも素晴らしい少数の人たちを除いてね。

「私は少数の人に入るわ」と思っている人にとってはナチュラルでいいわけですが、ソニアは少数と言っているから、多くの人はナチュラルではだめ、ということになります。残念ながら。

そして、2の意味のナチュラルとなると、かなり難度が高いです。

創意工夫をこらして、それを感じさせない、ということなので、きらびやかに着飾るよりも高度な技術を要求されそう。

28

高難度のグレイヘア

ナチュラルといえば、このところ見かけることが増えた「グレイヘア」も、ナチュラルに生きる、という主張のひとつなのでしょうか。

単純に考えれば白髪を染めない髪のことだからラクそうだな、となりますが、それはだいぶ違って、美しいグレイヘアとされている人たちは、けっして「なにもしない」でいるのではありません。

私の髪を担当してくれているスタイリストの方に訊《たず》ねたところ、「グレイヘアは、とても手がかかります」とおっしゃっていました。いつからグレイヘアにするのか計画が必要だし、もちろんカラーリングも必要。白髪染めのほうがよほど簡単です、と。

グレイヘアも好みの問題ですが、私がいまグレイヘアを採用しないでいるのは、私には難度が高すぎるからです。ファッションも、立ち居振る舞いや言葉遣いまでも、どのように合わせたらよいのかまったくわからない。

山本耀司の言葉の影響もあります。

どんな女性に惹かれるか。素肌に男性用のカッターシャツ一枚、無造作にはおった女性か、ほとんど銀色になった髪に葉巻をくわえている老婦人。

ファッション誌などで目にする高年齢のモデルの人たち、グレイヘアを選択した人たちはまさにこのイメージでしょう。ナチュラルとは対極にあるようなエッジのきいたファッションです。私にとってのグレイヘアはこのイメージなので、ひじょうにハードルが高い。ほぼ無理。なので一生ないまま終わる可能性大ですが、何が起こるかわからないのが人生、楽しみのひとつとしてとっておくことにしています。

29 どのスタイルもたやすくないけれど

何人かのスタイルのある人を紹介してきました。

自分だけのスタイルをもちたいとは思いますが、そのためのお勉強として、ちょっと真似してみるのもいいかもしれません。

誰のスタイルが一番似合うのだろう、と考えます。

ジェーン・バーキンのようにメンズライクなファッション、素顔っぽいかんじ、白シャツにデニムとか上質なカシミアのセーターを一枚無造作に着て絵になるかんじ。

ジャンヌ・モローのようにゴージャス路線でいって、ちょっと威圧してみて、ゴージャスだけどそれがあまりにも似合うから素敵、というひじょうに難しいところを目指すか。もちろんメイクもきっちりして。

ピナ・バウシュも魅力的。髪も白くなるままにまかせ、ひっつめて、性別を超越したひとりの人間というかんじで、けっしてずぼらなノーメイクではなく、限りなくノーメイクに近いメイクで山本耀司の服を着こなす。

もちろん、いずれもたやすくないのは重々承知しています。

私が現時点で、こんなのがいいなあ、と憧れるのは、まずはピナのように黒い服を着こなしたいということ。そしてジェーンのように上質なカシミアのセーターやシルクのブラウスで自分の体をカモフラージュしたいということ。メイクは年々薄くしてゆきたいということ。でもときにはジャンヌ・モローのように誰に何を言われてもいいからゴージャスな装いもしてみたい……。

憧れならいくらでも語れてしまいます。

次に、一流のデザイナーの言葉、映画などからファッションについて考えさせられることを語りたいと思います。

30

色彩のミニマリスト

まずは色彩から。

ココ・シャネルの言葉。

◇

たくさんの色を使えば使うほど、醜《みにく》くなるというのを、女たちは気づかない。

色彩においてもミニマリストだったシャネルのこの言葉はあまりにも強烈なので、これが私の頭から離れることはありません。ゆえに日々のコーディネイト、基本は二色にしています。最悪三色。バッグ、靴も含めてです。

31

俗世界にノンの黒

私は黒い服が好きなので、どうしても黒についての言葉を拾ってしまいます。

喪服の色でしかなかった黒をもっともモードな色としたのはココ・シャネルですが、私が黒い服が好きな理由というか、これこれ、と使いたい言葉を言ってくれたのは、セルジュ・ルタンスです。

黒がもつ本質、絶対性に惹かれる。俗世界や曖昧《あいまい》さにノンと言うきっぱりした姿勢そのものがノワール（黒）。

ルタンスに支えられて、俗世界や曖昧さにノンと言えるかも、とかすかな期待を胸に、黒を着ているところもあります。

私は二十代のころから黒い服が好きでしたが、「好き」と「似合う」は別で、とうてい似合うとは思っていなかったので、クローゼットには黒だけではなくさまざまな色彩の服がありました。

いまは、クローゼットの九割が黒です。ようやく黒を着ても自分自身に違和感がなくなってきました。

私という人間の内容はともかく、五十年以上、どうにかこうにか生き延びてきたという、ただそれだけのことが、ささやかではあるけれど、黒に負けないもんね、という自負心につながっているのかもしれません。……自分へのハードルが低すぎることは自覚しています。

32

自分を表現する「色の選び方」という問題

黒から離れて、色彩に関するファッションデザイナーの言葉を見てゆくと、その表現はさまざまとはいえ、核のところでは同じことを言っていることに気づきます。

ようするに、みなこう言っているのです。自分を表現するためには自分の色をもつべきだ、と。

自分を表現するための自分の色。

これまた、年齢とともに変わってくるものでしょう。

年齢を重ねて好みも体型も変わってきていて、その上で、いまの年齢にふさわしい色を選ぶ。

どんな選び方をするかに正解などないけれど、選び方にその人の個性が出ます。生き方が出ると言ってもいいくらいです。

自分の好きな色にするのか。周囲の人たちから似合うと言われる色にするのか。好きな人がすすめる色にするのか。着ていてもっとも落ち着く色にするのか。

いかがでしょう。どんな選び方をするか、ここにその人が何を重視して生きているかがあらわれると思いませんか？

33

ある種の武器になるような

自分の色を決めるとき、ファッションデザイナー、シビラの言葉はいかがでしょう。「服」を「色」に置き換えてイメージしてみます。

理想の服というのは、それを着る女性に安心感を与え、ある種の武器になるような。その服を着ていると男性が足もとにひざまずくような、しかも同性の女性をも魅了するような。

なにやら服選び、色選びももはや芸術の域になってきますが、ときには想像の世界で自分の色を模索してみるのが私は好きです。

34 ヴァレンティノのハンカチ

アクセサリーの話にまいりましょう。

私は宝飾品に興味がなく、それは宝飾品を買うような経済環境にいたためしがないことと関係しているのかもしれませんが、とにかく興味がなく、高価なものはほとんどもっていません。

アクセサリー、といったとき私が重要視しているものにハンカチがあります。ハンカチはアクセサリーではない、という声が聞こえてくるような気もしますが、私にとってはりっぱなアクセサリーなので、続けます。そもそも、アクセサリーとは装いを引き立てる装身具という意味なので間違ってはいないはず。

二十代のころからお金はなくてもできるおしゃれとしてハンカチにはこだわってきましたが、四十代になってファッションデザイナー、ヴァレンティノ・ガラヴァーニの言葉を知り、さらにハンカチに意識が向くようになりました。

金銀のアクセサリーで飾りたてた女性よりも、ちょっとしたところで非凡なセンスをのぞかせている人のほうが魅力的。たとえば、無造作にセーターを着た人が、すてきなハンカチをもっているような。

無造作なセーターに素敵なハンカチ。

この言葉に出合ってから、いままで以上にほかの人のハンカチに目がいくようになりました。

気づいたことは、ファッション、ネイル、メイクなどにこだわりをもっているような外見の女性が、デザイナーの名が入ってはいるけれどヨレヨレだったり、古くてゴワゴワになってしまったタオルハンカチだったりと、美しくないハンカチをもっているケースが少なくないということ。残念でした、と思わず心でつぶやいてしまいます。

35 究極のアクセサリー

次、香水にまいりましょう。香水はアクセサリーではない、という声が聞こえてきても今度は平気です。シャネルがはっきり言っているからです。

香水は究極のアクセサリー。

こんな言葉もあります。

香水はその人の個性そのもの。

自分にふさわしい、自分を表現する香りを選ばなければならない、ということ。ほかにもシャネルは香水に関してたくさんの言葉を残していますが、私がもっとも好きなのがこれ。

香水で仕上げをしない女に未来はない。

もとはフランスの作家ポール・ヴァレリーの言葉ですが、シャネルはこの言葉をほとんど自分のものとしていました。

36
香水を嫌う人

私はどんなにおしゃれな女性であっても、香水で仕上げをしていない人には最終的な魅力を感じません。

香水は時間とともに、そして体温やそのほかのあらゆる条件によって「変容するアクセサリー」であり、つける人によって香りが異なるという「唯一無二のアクセサリー」でもあります。まさにシャネルが言うように「究極のアクセサリー」。こんなに魅力的なアクセサリーを無視するなんて、と思います。

だから、どんなにすてきな服装をしていても、香水で仕上げをしていない人に出会うと落胆します。男性も女性もです。体臭めいたものがある人は、よほど自分の体臭に自信があるのだと思ってしまう。

香水のにおいが嫌だ、と言う人もいて、もちろんきつすぎるのはいけないとは思うけれど、香水を嫌う発言をする人に限って、彼らは私から言わせれば独特の体臭を放っています。「香水のにおいが嫌だ」とは堂々と言えるのに、「体臭が嫌だ」と言いにくいのは不公平だな、といつも思います。

37

柔軟剤のにおい

におい、ということで言わずにいられないのが柔軟剤のにおいです。

あるエピソードをご紹介しましょう。

アルゼンチン発の香水ブランド「フエギア 1833」の調香師ジュリアン・ベデルが来日したときのこと。彼はとってもユニークな人で彼の作る香水が私は好きなのですが、彼は日本に来て、洗濯洗剤（おそらく柔軟剤も含む）のにおいが強い人が多いことに驚きます。そして考えます。日本人は香水をつけることに抵抗があるのか。だったらせめて服のにおいをなんとかしたい。

そして布地、服につける香水を作ったのです。

天才調香師にテキスタイルコレクションを作らせたほど、日本人には洗濯洗剤のにおいの漂う人が多い、ということです。

そして私がなぜ洗濯洗剤と柔軟剤のにおいを嫌うかと言えば、香水はつけた人の肌にふれることで唯一のものに変化します。けれど私が知る限り、洗濯洗剤などは唯一のものに変わりません。みんなと同じことをしていて平気、という人を嫌うのと同じ理由で、洗濯洗剤などのにおいをぷんぷんさせている人が嫌いということになります。

38

香水にまつわる物語

香水もただつけていればいいというのではなくて、私は、つけている香水にまつわる物語をもつ人が好きです。

たとえば、ある女性から、ふんわりとよい香りが漂ってきて、私は彼女に問います。

「いい香りですね、香水の名は？」

彼女は答えます。

「ゲランのルール・ブルーです。カトリーヌ・ドヌーヴの〝最初の美的洗礼はルール・ブルー〟という言葉がとても素敵なので。

ルール・ブルー、これはフランス語で、日本語だと蒼《あお》の時、英語だとブルー・モーメントですが、夜明け前と日没後の空がブルーに染まる瞬間を愛したジャック・ゲランがつくった香水です。一瞬の、儚《はかな》いけれど確かに存在する美の時を、私もゲランと同じように愛しているのです」

くどくてもなんでも、このセリフは私がいつか言ってみたいセリフなのでした。

香水が大好きなので、ついあれもこれも書きたくなりますが、このくらいにしておきます。

39

靴を見ればわかってしまうこと

靴も、ファッションを語る上で外せません。靴を見ればその人のファッションセンスがわかるとはよく言われることですが、私も同感です。

ファッションデザイナー、クリスチャン・ディオールの言葉。


靴選びにはもっと慎重になるべき。ほとんどの女性がそんなに大事ではないと思っているようだが、エレガントな女性というのはその足もとから生まれる。

40

足の痛みとハイヒールの可能性

クートゥー #KuToo は、ハイヒールやパンプスを強制させられることへの抗議運動であり、もちろん強制には私も大反対です。

けれど私の好みはハイヒール。ああ、なのに、ハイヒールがこんなに好きなのに、年齢を重ねるごとにハイヒールが過酷になってきています。

四十代の半ばころ、足の甲が突然痛くなりました。フラットシューズに切り替えて、いまでは治りましたが、あのときは、ほんとうに悲しかった。おしゃれをする権利をとりあげられたかのように感じたのをよく覚えています。

治ったとはいえ、あのときの痛みは「あなたの体はいままでとは違ってきているの、気をつけてね」という足からの懇願に違いなく、だからいまでもローヒールが多いですが、特別なときにはハイヒールを履きます。そしてこれからもっともっとハイヒールが過酷になったとしても、ハイヒールの可能性は残しておきたいと願っています。

41 カトリーヌ・ドヌーヴのハイヒール

そんな私に「あなた、弱気ね。だめね」と余裕の微笑《ほほえ》みを浮かべながら言いそうなのがカトリーヌ・ドヌーヴ。彼女はハイヒールが大好きな人です。

七十を超えてからの映画のどれを観ても、ハイヒール。映画の衣装とはいえ、ドヌーヴのタイプからして彼女の好みが反映されているはずです。好きなブランドはロジェ・ヴィヴィエとマノロ・ブラニク。是枝裕和《これえだひろかず》監督の『真実』が日本公開されたとき、舞台挨拶《あいさつ》にカトリーヌ・ドヌーヴとジュリエット・ビノシュが登場！　ということでふたりが大好きな私はうきうきと出かけましたが、そのときもドヌーヴはやはりハイヒールでした。当時七十六歳。足首のタトゥーと合わせて、ぞくりとするほどに魅力的でした。

42

マノロ・ブラニクの芸術作品

ドヌーヴもお気に入りのブランドのマノロ・ブラニクは世界中の女性を虜《とりこ》にしていると言っていいでしょう。アメリカのテレビドラマ「SATC」、ヒロインのひとりキャリーがマノロ好きだったこともマノロの名を広めるのに貢献したようです。

ドキュメンタリー映画『マノロ・ブラニク トカゲに靴を作った少年』は、ファッションデザイナー、マノロ・ブラニクの靴作りにかける情熱が強く伝わってきます。

ひとつひとつ熟練した職人たちが作るため、一日にせいぜい八十足くらい。そして、彼ら職人の技術によって十センチ以上のヒールで流麗《りゅうれい》なフォルムであっても、一度履いたら他の靴は履けないとまで言わしめるほどの実用性、「世界で唯一走れるピンヒール」の異名《いみょう》をもつ靴が作られます。この映画を観てから、つくづくマノロレベルの靴は芸術作品なんだな、と感じ入りました。

43

フェラガモの掟《おきて》

けれど、どんなに高価であっても、自分の足に合わなければどうにもなりません。足に合わない靴を履いている姿は、誰であっても不格好ですが、とりわけ年齢を重ねた女性がそれをしている姿は、もう見られたものではないので用心しなければ。

◇

靴は履いた瞬間から快適でなければならない。履き慣れるということは絶対にない。店を出る時点でフィットしていない靴は、その後もフィットすることはありえない。

ファッションデザイナーのサルヴァトーレ・フェラガモの言葉です。三十代の終わりのころにこの言葉を知って以来、私はこれを「フェラガモの掟」とし、この言葉を念じながら靴を選ぶようになりました。おかげで靴の失敗がほとんどなくなりました。

それまでは、あまりにも素敵なデザインに惹かれて「この部分、履いているうちにのびますよね?」と店員さんを無理やりうなずかせて購入し、永遠に痛い想いをするという失敗を繰り返していたのでした。

ルブタンのハイヒール物語

ファッションデザイナーのクリスチャン・ルブタン。彼の靴はレッドソール、いわゆる靴の裏側、地面に着く部分が赤で、九十年代初頭、「女性は黒ばかり着ていたから、魅力的なウィンクのようにレッドソールが後ろ姿のアピールになったらいいなと思って」作ったという私好みのエピソードがありますが、そのルブタンの「なぜ女性は窮屈《きゅうくつ》なハイヒールを履くのでしょう？」という質問に対する答え。

すべての靴がコンフォタブル（快適）である必要はないと思う。コンフォタブルというのは、OKという意味で、GREATというわけではない。

ハイヒールは実用的じゃないかもしれないが、ラグジュアリーで文明的、気分を高揚させてくれて体のプロポーションや振る舞い方をも変えてくれる。

そして、こんなエピソードを語っています。

以前、パリのショップに一人の女性が来て、自分の街が好きになりました、とお礼を言われたんだ。いままではいつも急いでいたから周りの景色を見る余裕がなかったけれど、僕の靴を履いてゆっくり歩くようになったら、美しい街の景色を楽しめるようになった、と。短い人生、なぜ走る必要がある？　走り過ぎたら何も見られない。

この女性は、たしかにゆっくり歩くことによって美しい景色を発見したのかもしれません。

けれど、ルブタンのハイヒールを履くことによって、高揚する気分、美しい靴を履いている自分自身に酔うでもなんでもいい、そういう非日常的状況、そのほか、さまざまなルブタン・マジックが、この女性をつつみこみ、女性の瞳がいつもと違う輝きと潤《うるお》いをもち、それが美しい景色を見させたのだと、私は思います。

同じ道を歩いていても、気分によって景色が違って見える、ということ。

靴に限らずメイクにもファッションにも通ずるものがあると思います。好きなエピソードです。

45

濃いメイクは誰のため

ファッションの話をしてきましたが、年齢を重ねるにつれ、似合うメイクも変化するはずなので、メイクも悩ましいところです。

薄ければよいわけではないし、濃いのも私は抵抗があります。けれど私は抵抗があるけれど、きっちりメイクをしている女性には、私にはできないことをしている、という意味で、ある種の尊敬と好感をいだきます。がんばってるなあ、いいなあ、という感覚です。

たとえば、ココ・シャネル。

晩年のメイクは露骨に厚化粧でした。たぶん、目の前にいたらじっと見てしまうほどに厚かった。けれど彼女は周囲の目なんか気にしません。若いころから「メイクは自分のためにする」という強い信条をもっていたからです。

自分の気持ちが高まるメイク、いまの自分にもっともふさわしいと思えるメイクを「自分のため」にする。

濃く太く眉を描いて、きついアイラインで目を縁取《ふちど》って、赤い口紅を塗っていたのは、なにより自分の気持ちを高めるためでしょう。鏡のなかの自分に出会ったときに納得できることがなによりたいせつだったに違いなく、だからどんなに濃いメイクであってもそれがシャネルのスタイルなのです。

46

寺山修司《てらやましゅうじ》の厚化粧擁護論《ようごろん》

メイク、化粧について、歌人であり劇作家の寺山修司は面白いことを言っています。

一言でいってしまえば、わたしは化粧する女が好きです。そこには、虚構によって現実を乗り切ろうとするエネルギーが感じられます。そしてまた化粧はゲームでもあります。顔を真っ白に塗りつぶした女には、たかが人生じゃないの、というほどの余裕も感じられます。……化粧を、女のナルシシズムのせいだと決めつけてしまったり、プチブル的な贅沢《ぜいたく》だと批判してしまうのは、本当の意味での女の一生を支える力が、想像力の中にあるのだということを見抜くことを怠《おこた》った考え方です。

寺山修司だから、ここまで深く見ることができるのでしょう。
けれど、私も含めて、シャネルのようなメイクも寺山修司が擁護《ようご》するようなメイクも無理、という人もいます。そこでほかの人たちはどうなのか、と見渡してみます。

47

ジェーン・バーキンのエロティック・メイク

ジェーン・バーキンは、シャネルとは真逆《まぎゃく》で、素顔に近いメイクを好んでいますが、相当なこだわりのある人です。

◇　リップの色はバストトップの色に合わせて。

これは六十歳を超えたときの言葉。ヘアメイクを担当した女性に裸の上半身を見せて、こうリクエストしたというのだから驚きです。

ジェーンは、唇は性を想像させる女らしさのシンボルであると考えていて、リップの色にはとてもこだわっていたのです。

◆　チークは、オーガズムのときの上気感を再現するもの。

こんなどきりとすることも言っていて、「ナチュラルメイク」の代名詞であるようなこの女優の、メイクに対する独特のこだわりが私は好きです。

48

三宅一生《みやけいっせい》の苦言

一九七〇年代のことですが、ファッションデザイナーの三宅一生は、日本人が欧米人に憧れたようなメイクをすることについて苦言を呈しています。

細い目という日本人のよさを忘れてはいませんか。おしゃれの出発点は、自分を知ること。

一重《ひとえ》の、切れ長の目に憧れる欧米人もたくさんいるのに、なぜそれを手放そうとするのか、ということです。

好みがあるので一概には言えないけれど、この言葉でたいせつなのは「おしゃれの出発点は自分を知ること」、ここでしょう。

年齢を重ねた人ならことさら「いまの自分を知ること」が肝要。料理と同じで、素材を活かすことを考えたほうがよさそうです。若いころのイメージに固執《こしつ》することなく、いまの自分を活かさなくては。

49

素材を活かすメイク研究

誰にも見せられない、ノーメイクの自分という素材をじっくり観察して、どこをどうしたら「いまの自分」という素材を活かせるか、目を背けることなく研究するのも楽しいかもしれません。

目尻のシワが増えてきたから、そのあたりのファンデーションはとても薄くしてみよう。いっそのことファンデーションもやめてアイメイクだけにしてみるのもいいかも。ルージュの色は？　どの色合いがいまの肌に映えるのかな。

時間を作って、一度、とことん、さまざまなメイクにトライしてみると、見えてくることはきっとあるし、その時間そのものが私にはささやかながらも楽しいイベントとなっています。

50 ジュリエット・ビノシュのマスカラ

とはいえ、やはりイメージは欲しい。どんなメイクがいいかな、と考えたときに浮かぶのはフランスの女優ジュリエット・ビノシュです。

彼女は私より二つ上。以前からファンだし、年齢も近いので、なるほど、こんなかんじで年齢を重ねているのね、と注目しています。

映画のため、取材のため、その時ごとのメイクアップアーティストの手によるものなのでしょうが、透明感があって見惚《みと》れてしまうほどなので、目の保養的に見ています。イメージトレーニングくらいにはなっているかもしれません。

ビノシュといえば、映画『おやすみなさいを言いたくて』のメイクシーンは印象的でした。

彼女は戦場カメラマンの役。戦場で爆撃を受けて重傷を負い、目を覚まして体力回復して、さあ帰ろうか、というときにベッドの上でメイクをするのですが、唯一、何をしたと思いますか？

ファンデーションでもなく、アイブロウでもなく、ビューラーでもなく、ルージュでもなく、チークでもなく、彼女はマスカラをつけたのです。

素顔に、マスカラだけはつけるぞ、みたいなかんじでマスカラを必死につけている。まだ精神的にも肉体的にも不安定だから手が震えてうまくつけられなくて、夫がそれをつけてあげるシーンがとても印象的でした。

素顔に唯一加えるとしたら、何をするか。私なら、何をするか。どうしても手を加えないではいられないところはどこなのか。そんなことを考えさせられたシーンでした。

映画の内容そのものもすばらしく、私の胸をふかくうち、たいせつな映画のひとつとなっています。

51

「ひとり美」の真価

これまでは主に外でのファッション、人目があるときのファッションについて語ってきましたが、その人の美意識、美の真価とも言うべきものは、ひとりきりのときのようすにあらわれると私は考えます。なので、私がじつのところもっとも重要視しているのは、人目がないときのファッション。と言いつつ悲しいかな、どうしても緩《ゆる》みがちなので「ひとり美」と命名して、そこで手を抜くと堕《お》ちるよ、と自分を脅《おど》しています。

ひとりきりではなくても、たとえば家族や慣れ親しんだ人たちと家にいる状況下で、どんなファッションで、どんなようすでいるのかということです。

家にいるときに何を着るか。アレキサンダー・ワンの言葉。

誰もがドレスアップをして素敵になることはできるけど、その人たちのオフの日の着こなしこそが、いちばん興味をそそるね。

ソニア・リキエル。

自分自身をベストの状態にしなければ。ひとりでいるときもね。

52

貧しいルームウエア

私は家にこもっていることが多いせいか、以前からルームウエアに興味があって、けれどファッション雑誌を眺めても家で着る服の情報はとても少なくて不満でした。コロナ禍にあって、ルームウエアの情報は以前より増えたように思いますが、それでもまだまだ少なくて不満。この不満さゆえ、映画を観ていても必ずルームウエアに目がいきます。いくつかご紹介します。

53

映画のなかのルームウエア

たとえば『ラヴァーズ・ダイアリー（ELLES）』。

ジュリエット・ビノシュ主演で、当時ビノシュは四十七歳。この映画での彼女の部屋着が素敵でした。濃いベージュのローブで、柄《がら》もなくわりと地味なのに、とてもエレガントに見えるのは、素材がよいからでしょう。素材の詳細まではわからないけれど、てろんとして着心地がよさそう。パジャマは別のものを着ていて、ベッドから出て、家族と朝食をとるときなどにいつも着ているのがベージュのローブです。

『めぐりあう時間たち』。

　ほんとうに素晴らしく、私にとって特別な映画です。この映画のなかでジュリアン・ムーアが着用している部屋着は、ブルーの花柄のローブ。彼女もパジャマは別で、ローブに着替えて朝食の準備などをし、外出するまでは部屋着で過ごしています。


『ヘンリー&ジューン　私が愛した男と女』。

　私が敬愛する作家アナイス・ニンの日記を原作とした映画です。部屋着、ナイティ、ランジェリー……アナイス役のマリア・デ・メデイロスが着ている衣装にはうっとりです。部屋着はレンガ色に草花がデザインされた着物風ローブ。立ち居振る舞い、思考にまで影響を及ぼすだろうと思えるような美しいローブです。

54 カール・ラガーフェルドの「敗北のしるし」

ルームウエアがすべてローブになってしまったのは、私の好みだからです。

私は、機能的なスタイルは危険だと思っていて、なぜなら、動きやすく、どんな格好をしても大丈夫な服装を日常的なルームウエアにしてしまうと、たとえば足を開いたりあぐらをかいたり、どんなはしたない格好をしても平気なわけで、そういうのが嫌なので警戒しているのです。

シャネルブランドの再生で評価の高いファッションデザイナー、カール・ラガーフェルドの言葉。

> スウェットパンツは敗北のしるし。それを買ってしまうのは我を忘れたときくらいだ。

これまた好みの問題ですけれど。

55 バスローブ礼讃《らいさん》

ローブが好きなのでバスローブも好きです。

バスローブライフが当たり前になってしまうと、入浴後のお手入れのあれこれの際、バスローブをもっていなかったときはいったいどうしていたのだろう、と本気で疑問に思うほどにバスローブなしの生活が考えられなくなっています。

裸でぴょこぴょこ歩いていてかわいい時代というのもあります。ぴちぴちしていて。けれどやはりある程度になったら真っ裸は似合わない。

それにやはり、ここにも「ひとり美」があります。ルームウエアと同じ、誰にも見られていないからこそ、です。

ひとりきりで過ごしている時間の影響が外に出ないわけがなく、人と会うときだけなんとかなっていればいいという意識は、思っている以上にその人のなかの美を蝕《むしば》むと私は思っていて、だから自戒《じかい》しています。

56

「着古した白いシャツ」というナイトウエア

ジェーン・バーキンは白シャツが似合う人としても有名ですが、白シャツのエピソードで私が一番好きなのが七十歳のときのもの。

時の流れとともに、私のかりそめのベッドの友になってくれるのは、たいせつにしている着古した白いシャツ。

こんなナイトウエアもあるのです。ゴージャスなナイトウエアにも憧れるけれど、ジェーンの「着古した白いシャツ」が私の胸にしみるのは、そのシャツには多くの思い出があるだろうということ、そしてそれを身にまとってベッドに入るジェーン、過去を抱きしめて、受容して、そして眠りにつく。その一連の流れが、ジェーンの人生そのもののようで愛《いと》しいからです。

57

ジル・サンダーの「成熟した個性」

ファッションデザイナーのジル・サンダーは「女性は年齢とどのようにつきあってゆくべきか？　女性が年齢を重ねてゆく上でファッションが果たす役割は？」という質問に次のように答えています。

年齢を重ねれば重ねるほど、成し遂げてきたことも増え、おのおのに特別な美しさが備わるはず。それは成熟した個性ともいうべきもの。

「成熟した個性」、これは本章で意識してきた「スタイル」とも重なります。

58

スタイルを準備する精神活動

年齢を重ねて会得《えとく》してきたもの、喪《うしな》ったもの、手放したものに思いを馳《は》せる。いまは何に価値を置き、どんな生き方をしたいと思っているのか自分に問う。いくつもの年月を生きてきた自分、成熟した個性を見つめる。そしていま現在の自分にもっともふさわしいファッションを選択する。

いかがでしょう。どのようなイメージがうかびますか？

ぱきっとした答えは見つからなくても、こういった一連の思考の流れそのもの、精神活動に、年齢にふさわしい自分だけの美しいスタイルが用意されているのかもしれません。

あらためて思います。ファッションを考えることは、生き方を考えることに通ずるのだと。

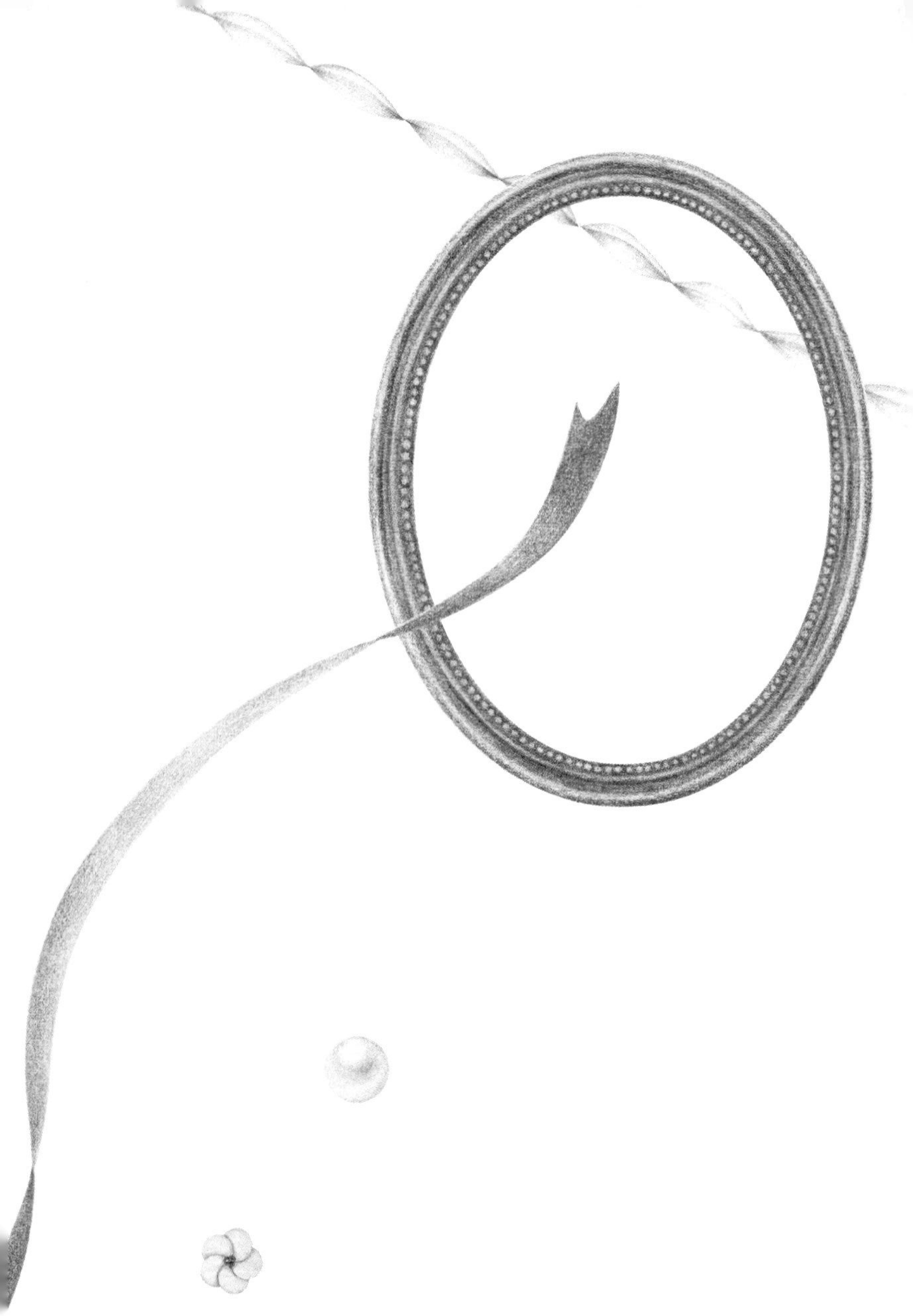

第二章

色香のある人

どんなに年齢を重ねても色香のある人を見ていると、色香というのは年齢とともに失われるほど軽薄で表層的なものではないのだな、と思えます。むしろ年齢とともにふくよかに香るものなのかもしれません。

色香のある人と言ったとき、イメージする人はいますか？　それは誰ですか？

59

色気ではなく色香

「色気」ではなく「色香」としたのには理由があって、国語辞典的な意味でも「色気」がストレートに対象をそそる性的魅力のことを言うのに対して、「色香」は美しい花の香りに由来していて、そこから人間の魅力を表現するときに使われる言葉だからです。

愛用の辞典にも「もと、美しい花の色と、そのかおりの意。離れて見た女性の顔かたちの美しさと、近寄って感じる香料と体臭の交じった、なんとも言えない、よさ」とあります。

花の香り、その魅力については、薔薇《ばら》をはじめとして、さまざまなエピソードがあり、それぞれに興味深いけれど、私が注目したいのは、花の香りは直接的ではない、ということ。ふれなくても、ただそこに咲いているだけで、香りが漂う、香りがあふれてしまう、そんな花のようなたたずまい、そういう人を色香のある人というのではないか、と思うのです。

どんなに年齢を重ねてもダイレクトな性的魅力にこだわり続ける人も興味深くはありますが、私自身は、四十半ばを過ぎたころからでしょうか、色香を好むようになりました。

60

谷崎潤一郎《たにざきじゅんいちろう》の色気

色気と色香は違う。そう言いましたが、そもそも色気とは何か、といったことから始めましょう。

谷崎潤一郎は『恋愛及び色情』のなかでこんなふうに言っています。

色気は本来無意識のものであるから、生まれつきそれが備わった人と、そうでない人とがあって、柄にもない者がいくら色気を出そうと努めても、唯《ただ》いやらしく不自然になるばかりである。

◇

けれど、文豪に反論することにびくびくしながらも、私はこれは違うと思うのです。なぜなら、ある人にとっては色気のある人が別の人にとってはまったく色気なし、ということが現実にある。ということは生まれつきそれがあるないの問題ではない、と思うからです。

61

大庭みな子の色気

たとえば、それまで色気を感じなかった同性の友人に、あるとき、どきりとするほどの色気を感じることがあります。たいていの場合、彼女は恋をしています。
大好きな作家、大庭みな子も『恋愛を求めて』のなかで言っています。

恋愛のない世界とは、色気のない世界ということで、こころの動きがないということである。

大庭みな子は「色気」を「恋愛に絶対必要な条件」としていて、たしかに私が色気を感じる人は恋をしている人、欲望の対象がある人のようです。
もちろん私は「こころの動きがない」なんて嫌なので「恋愛のない世界」では生きたくないと思いますが、年齢を重ねるにつれて、こういった恋愛や欲望に直結するものよりも、もっと曖昧でどこか神秘的な色香を好ましく思うようになってきました。

62

セクシーな人とエロティックな人

色気と色香について考えていると、「セクシー、セクシャリティ」と「エロティック、エロティシズム」の違いとも関係があるように思います。

「セクシーな人」と「エロティックな人」の違いです。
書きながら、色気にしても色香にしてもセクシーにしてもエロティックにしても、ここまでしつこくこだわるのは偏執狂的ではないか、とふと不安にもなりますが、気になるのだからどうしようもありません。

63

澁澤龍彦《しぶさわたつひこ》のエロティシズム

澁澤龍彦はエロティシズムがテーマのひとつだった作家で、彼の作品を読み漁《あさ》った時期がありました。
彼は『エロティシズム』のなかで書いています。

エロティシズムとはなんであろうか。なんと定義したらよいであろうか。しかしこれについては、多くの学者がじつにいろんな説を述べていて、にわかに断定を下しがたいのである。

エロティシズムの大家でさえ、この問題は難しいと思っているようですが、その上で、彼はいく人かの言葉を紹介しています。

64

生殖とは無関係なもの

たとえばフランス・イタリアの作家ロー・デュカ。

愛欲において、生殖に係《かか》わらぬものをすべてエロティックとしてもよいだろう。

たとえば、フランスの作家ジョルジュ・バタイユ。

単純な性的な活動は、エロティシズムとは異なる。前者は動物の生活のなかにあるもので、ただ人間の生活だけが、おそらくエロティシズムの名にふさわしい〈悪魔的〉な相をあらわす活動を示すのである。

65

体の問題か精神の問題か

そして澁澤龍彦自身はこんなふうに言っています。

ごく簡単に割り切って言ってしまえば、セクシュアリティとは生物学的な概念であり、エロティシズムとは心理的な概念である、と言うことができるかもしれない。

私はロー・デュカ、バタイユ、澁澤龍彦の三人の考えから、自分なりにこんなふうに定義しました。

セクシー、セクシャリティとは「体」の問題、エロティック、エロティシズムとは「精神」の問題なのだと。

なので「セクシーな人」はじっさいの性行為を思わせる人、「エロティックな人」は、もっと精神的な何か、さまざまな妄想をかきたてるような人をイメージします。

66 エロス探求のシーズン

それにしても、エロス探究の大家たちが言うように「生殖」と関係しないことがポイントであるとしたなら、年齢を重ねれば重ねるほどに、女性の場合は妊娠・出産から、つまり「生殖」から離れてゆくので、「体」ではなく「精神」の問題であるエロティシズム、これを探究する人生のシーズンがおとずれた、と言えるのではないか。

そんなふうに考えて、なんだか愉しくなってきて、想像力・妄想力を鍛《きた》えよう、なんて張り切ってみたりするわけです。

髪のエロス

エロティシズムで思い出す話を。

美術評論家、伊藤俊治の『マジカル・ヘアー　髪のエロスとコスモス』は私の愛読書のひとつで、とても勉強になります。

女性には男性と違って薄い毛（毳毛《せいもう》）が全身に広がっていて、それを刺激されることで中枢神経統の刺激感受性を高める役割があるのだそうです。そして髪は毳毛の集合体なので、とても感じやすい部位。

だからでしょうか、頭皮や髪のにおいに性的興奮を覚える人は少なくないようです。

たとえばフランスの詩人ボードレールは名著『悪の華』のなかで、髪の油や香料のにおいが混ざった濃厚な香りに「激しく酔ひ痴れに痴る」と書いています。

また、フランスの作家モーパッサンの『髪の毛』には、金髪の束を手にしたひとりの男がその髪の束に陶酔し欲情し、夢想の世界に耽溺するようすが、においや息づかいが伝わってくるほどに生々しく描かれています。

ある医師のセリフが強烈でした。

人間の精神というものは、どんなことでもしかねませんよ。

エロティシズムの例としては、少々偏《かたよ》りがありすぎたでしょうか。どうもいけません。次は身近な例を。

68

愛する男がコーヒーを

ファションデザイナーのソニア・リキエル、五十代前半のころのインタビューから。

私がいちばん幸せを感じるとき？　そうねえ、愛する男がベッドを抜け出して、朝のコーヒーをいれてくれて、その香りで徐々に目が覚めていく時間かしら。

ベッドを抜け出した愛する男とは前夜、体を重ねたかもしれない。けれど、いちばん幸せを感じるとき、として語っているのが性行為ではないところに、いまの私は共鳴します。私がイメージする色香、エロティシズムは、こういう空気感のなかにあります。

69

気になる「フェロモン」

ところで、色気とか色香と近いところに存在するものに、フェロモンがあります。「あの人はフェロモンがある」といった言い方は「あの人は色気がある」よりも、さらに直接的なかんじがします。

フェロモンとはいったい何でしょう。

辞書的な意味で言えば、フェロモンとは「動物が同種類のほかの動物に、特異的な反応を引き起こす化学物質」となります。

話がますます偏執狂的になりますが、とても好きな話があるのでおつきあいください。

70

ファーブルの「オオシャクガの夕べ」

フェロモン、この化学物質の存在を最初に発見したのは昆虫研究で有名なファーブル。あるとき、オオシャクガ、これは蛾《が》の一種ですけれど、このメスをカゴのなかに入れたままにしておいたら、数十匹ものオスが入りこんでいて、ファーブルは驚きました。なぜなら外からメスの姿は見えないからです。なぜ？　ということで研究。

一匹のメスに四十匹ものオスが乱舞するなかを、メスの置き場所を変えたり、オスの触覚を切り取ったりして、あれこれと実験した結果、メスの腹部のとある物質にオスを誘う働きがあることをつきとめました。ファーブルは言っています。

◇

忘れられない夕方だった。私はそれをオオシャクガの夕べと呼ぼう。


一匹のメスに四十匹のオスが乱舞……なんとも羨《うらや》ましい光景。

それでもメスの、とある物質のしくみが明らかにされたのは、ファーブルの死後四十年が経過した一九五九年のこと。ドイツのアドルフ・ブテナントを中心とした研究チームがその物質の成分をつきとめて、「運ぶ」という意味と「興奮させる」という意味の二つのギリシア語を合体させて「フェロモン」と名づけました。

フェロモンにも色々な種類があるようで、異性をひきつける性フェロモンのほかにも、警報フェロモン、集合フェロモンといった、なにやら楽しそうなものもありますけれども、昆虫の世界の話なので除外。

71

妖艶な気

ファーブルの「オオシャクガの夕べ」も合わせて考えて、色気、色香とならんである種の魅力を表現する言葉としてのフェロモンを私は次のように理解しました。

フェロモンとは、においそのものではなく、目に見えないけれど、一人の女性に四十人の男性が乱舞するほどのエナジーをもつ、その人の体から放出されている妖艶《ようえん》な気。

いかがでしょう。生物学的にはヒトのフェロモン感知器官は退化しているようだし、女性で異性愛者である私のかなり無責任なフェロモン理解ですが、自分なりに納得することが私にはたいせつなので、すっきりしました。

72

五十本の薔薇《ばら》の花束

次に、色香という言葉は花の香りに由来していることで、私がとても好きな薔薇の話を。

薔薇といってすぐに思い出すのは詩人リルケです。彼はその生涯で、まるでとり憑《つ》かれたかのように飽くことなく薔薇を謳《うた》い、墓碑銘《ぼひめい》として指示していたのも「薔薇よ、清らかな矛盾」から始まる詩でした。

薔薇への愛はさまざまなのでしょう。造形そのものに美を見る人、ゴージャスさに憧れる人、香りがたまらなく好きな人、その効用に惹かれる人。

私はその姿かたちにうっとりしてしまうのですが、もちろんそれだけではありません。棘《とげ》が主張するように薔薇は危険な花ですから、妖《あや》しい香りが漂ってきて、そこが好み。

なにかあるたびに「私は薔薇が好き」とふれ回っているものですから、周囲の優しい友人たちは、ワインやコスメ、スイーツにいたるまで薔薇を意識したものをプレゼントしてくれます。

五年前、五十歳の誕生日には特別な男性から五十本の薔薇の花束が届きました。数年前からじわじわと遠回りにリクエスト、というか圧をかけていたのが実ったわけですが、圧をかけたからだろうがなんだろうが、五十本の薔薇は、かかえるとずっしり、異様なほどに重く、その重さが生きてきた年月そのもののようで胸にせまりました。

薔薇にはその魅力ゆえ、おびただしい数の伝承がありますが、そのなかから私が惹かれる薔薇物語を語ってみます。

73

性の薔薇

花は種子植物にとっての生殖器です。それを愛《め》でていることを意識したとき、なぜかうろたえて花を正視できなくなってしまうのは、私だけでしょうか。

さて。薔薇の生殖器、おしべとめしべはどこにあるのでしょう。「一重咲《ひとえざ》き」と呼ばれる原種の五枚の花びらの薔薇には中心に多数のおしべがあり、その奥にめしべがあります。いま薔薇といってイメージするものは品種改良による「八重咲《やえざ》き」が多く、めしべは奥の方にあるけれど、おしべは幾重《いくえ》もの花びらに変化していて、ほぼ結実《けつじつ》しません。

つまり私が好きな薔薇は生殖能力をもたないのです。前述した作家ロー・デュカの言葉を思い出します。「愛欲において、生殖に係わらぬものをすべてエロティックとしてもよいだろう」。

薔薇はとってもエロティック、ということになります。

この薔薇のちからを人々は最大限に活用してきました。

古代ローマでは、特権階級の人々限定ですが、薔薇酒のお風呂、薔薇を敷きつめたベッド、薔薇の花びらをつめた枕、薔薇香水の噴水といった薔薇づくしのなかで、人々は快楽の日々を送っていました。

かのクレオパトラのエピソードも有名です。アントニウスを迎えるはじめての夜、宮殿全体を薔薇で飾り、廊下にも花びらを敷きつめ、それはアントニウスの情炎を狂おしくかきたてたと言われています。

ギリシア神話では、薔薇はあからさまに愛欲の象徴でした。性愛にかなり奔放《ほんぽう》なことで知られる女神ヴィーナスは海の泡から生まれましたが、彼女の誕生を祝福して陸に生まれたのが薔薇。以来、薔薇は愛欲の女神ヴィーナスの花となりました。初期キリスト教時代、このイメージゆえ娼婦は薔薇を身につけることが義務づけられていた地域もあるほどです。

74

聖の薔薇

けれどキリスト教的には、これではあまりにも異教色が強く都合が悪い。ということで次第にそのイメージは変化してゆきます。

薔薇の原種は五枚の花びらをもつことから、これがキリストの五つの傷を、赤薔薇の色はキリストの血を表すとして「殉教《じゅんきょう》」の象徴とされました。白薔薇は「純潔《じゅんけつ》」、二色が混ざったピンクは最強で「女性の美徳」の象徴とされることもあります。

聖母は「棘なき薔薇」とも呼ばれますが、これは、薔薇は天国に咲いていたときには棘がなかったけれど、アダムとイヴが禁断の果実を口にし、人類が原罪を負ってから棘をもつようになった、だから棘のない薔薇は生まれながらにして原罪を免れている聖母マリアだけのもの、という物語からきています。

75

秘の薔薇

愛欲、誘惑、殉教、純潔だけではなく、薔薇には「秘密」もあります。

その由来となると、ここでまたヴィーナスが登場するのですが、あるとき彼女は浮気現場を息子に目撃されてしまいます。あわてた彼女は沈黙の神に息子の口を封じてもらって、そのお礼に薔薇を贈りました。

ここから薔薇は「沈黙、秘密」も暗示することになります。薔薇が天井から吊るされていれば、その席で語られたことは他言無用《たごんむよう》、が暗黙の了解。謎に満ちた秘密結社「薔薇十字」の名はこの意味を含んでいるし「Under the Rose 薔薇の下で」は「秘密で」と同義なのです。

「秘密」の意味から薔薇は男性同性愛者の象徴ともなりました。たとえば同性愛者である奇才ジャン・ジュネの自伝的小説のひとつ、そのタイトルは「薔薇の奇跡」であり、登場人物にも「薔薇のような美少年」といった表現が見られます。また、一九七一年に創刊された日本初の男性同性愛専門誌の名は「薔薇族」。

古今東西、時代を超えて人々が魅了されるものにはいつだって理由があります。美しいだけではここまでもちません。圧倒的な美しさのなかに性・聖・秘、リルケが詩にたくしたような「清らかな矛盾」、危険、背徳《はいとく》の香りがあるからこそ、人々は薔薇にひきよせられているのでしょう。そして私もまた。

76

薔薇の色香を買う

好きな薔薇の話ということで長くなってしまいました。

好きな服を着ていると、自分が自分であるという自信、安堵《あんど》がもたらされるように、薔薇を飾ると好きな自分でいられるような、そんなこころもちになるので、私は気分が沈んでいるときや、自分という人間が乾燥気味だな、と思ったときには薔薇の花を買います。

マッサージの気持ちよさや性行為そのもののあれこれとは違う、ただそこにあるだけで、なにか美しいものにふれたとき特有の潤《うるお》いが与えられる。これも色香だと思います。

77 アナイス・ニンのなまめかしさ

色香のある「人」の話にまいりましょう。

私がまっさきに思い浮かべるのはアナイス・ニンです。

日記文学で有名な作家アナイス・ニンは、私が強く影響を受けた人であり、二十代の半ばくらいに彼女のことを知ってからずっと私の人生にはアナイスがいたというほどに重要な人です。落ちこんだときには必ずアナイスの日記を手に取ります。

翻訳をはじめアナイスを日本に紹介することに尽力したアメリカ文学者・杉崎和子《すぎさきかずこ》によるアナイス像はじつに魅力的です。

同名の映画の原作ともなっている『ヘンリー&ジューン　私が愛した男と女』の「訳者解説」から一部抜粋します

会ったとき、のっけから、私はその美しさに圧倒された。一九六六年の初夏だった。すでに六十歳を越えていたはずだが、濃いローズ色のドレス、赤みがかったブロンドの髪に、同じ色の大きなリボンを結んだ、その女性には、そんな装いが、とてもよく似合っていた。大きな瞳が、光線のぐあいで、グレイ、紫、翠《みどり》に、色を変える。隣に座った、彼女の息子といってもいいような年齢の若者に、肩を抱かれて、しっぽりと、その場におさまっていられるような、不思議な、なまめかしさを漂わせている。

およそ十年後には次のような文章があります。アナイスの『ヴィーナスの戯《たわむ》れ』の「あとがきにかえて」から。

わたしの知るアナイスは美しさに厳しい人であった。たとえば、信じがたいことだが、七十歳になってなお、充分に愛の、欲望の対象になり得るほどの、なまめかしい美しさを持った人であった。天性の麗質《れいしつ》といってしまえばそれまでだが、たゆまぬ努力、精進《しょうじん》がなければ、それが決して可能であるはずはない。

78

七十を超えても欲望の対象

「なまめかしさ」という言葉が使われています。漢字で表記すると「艶かしさ」。艶かしい。これを国語辞典的な意味に照らし合わせると、もちろん「性的な魅力」「色気」といった意味も含まれるのですが、注目すべきは「優雅」「気品」「趣《おもむき》がある」、そういう意味があるということ。このあたりが色気とは異なるところでしょう。

アナイスの色香はどこから生まれるのか。アナイスについて知れば知るほどに、その多様さに幻惑《げんわく》されてしまいます。

ただ「七十歳になってなお、充分に愛の、欲望の対象になり得る」人であること、それは当然なのだということはわかります。

七十歳のアナイスは、十六歳年下の男性に熱愛されていました。四十四歳のときに出逢ったルーパート・ポールという名の男性です。当時もその後もアナイスには夫がいましたが、ルーパートはそれを承知でそれでも一緒にいたいと願い、アナイスは二重生活を続けていました。夫も知っていて「アナイスのゲーム」につきあっていました。アナイスを失うくらいならゲームにつきあったほうがよかったからです。

そして周囲にはいつだってアナイスを愛する男性が複数いました。

79 恋愛対象は年下の人

こういったアナイス、多くの愛を求め、多くの愛に囲まれているアナイスを非難する人は当時も、そして現代でも少なくはありません。

けれど、アナイスの人生に深く入りこんでゆくと、非難するとかしないとかの問題ではないのではないか、と思わされます。

アナイスの恋愛、欲望状況は若いころからずっと続いてきたことでした。アナイスにおいては恋愛、欲望といったものが生活のなかの特別枠ではなくて、あたりまえのものとしてありました。艶かしいものがなかった時期はないと言っていいくらいです。

いつでも未知のときめきを求めて、男たち、ときには女たちと関係をもち、自分という人間を知ろうとしていました。自己探究です。それは人生の優先順位としてはだんぜん高く、必要不可欠なものでした。

年齢を重ねても「私はもうこんな歳だから」というセリフはアナイスにはなくて、年齢を重ねるにつれて恋愛対象は二十も三十も年下の男性になってゆきます。

そんなアナイスなので「彼女の息子といっていいような年齢の若者」に肩を抱かれているようすが艶かしいのは当然といえば当然のことだと思うのです。

80

羞恥心《しゅうちしん》と色香

アナイスや周囲の年齢を重ねた「色香のある人」たちを思い浮かべてみると、いくつかの類似点を見出すことができます。

露出の少ない服を好むこと。言葉数が少ないこと。図々しさと無縁であること。

これは羞恥心があるということではないでしょうか。羞恥心とは文字通り「恥じらい」の心であり、これは人との関係において生まれるものです。

なので、自分の身なりや行動言動を周囲からどう思われてもいいとする人には羞恥心がない、ということになります。

81

森茉莉《もりまり》の羞恥心

作家、森茉莉の『贅沢貧乏《ぜいたく》』、これも大好きな本のひとつですが、このなかで森茉莉は美しい人と羞恥心との関係について、こんなふうに言っています。

美人というものは、車道を突っ切る時でも醜《みにく》い横目を使い泡を喰《く》った恰好で駆け出すものではないし、銭湯では同性にも羞恥を抱くものである。

ほんとうにそう思います。

私は銭湯や温泉といった公衆浴場が嫌いなのですが、その理由は、そこで繰り広げられている光景があまりにも醜《みにく》いからです。シャンプーする姿、体を洗う姿、どこも隠さずに歩き回る姿。これを見たら、彼女たちの恋人、夫は幻滅せずにはいられないだろう、といつも思います。

82

羞恥心の欠如した人

電車などで、おそろしい形相《ぎょうそう》をしながらメイクをする人は、もう論外。パフォーマンスをなさっておいでだわ、と思うことにしていますが、それでも自分の目を守るために車両を移ります。スカートの奥が見えるほどに脚を広げている人の多いことにも驚かされます。これも一種のパフォーマンス、何かを表現しているに違いない、と思わないと、もうたまりません。

ここでシャネルに登場してもらいましょう。

◇

私には羞恥心がある。羞恥心の欠如した人にはうんざりさせられる。

電車でのパフォーマンスをシャネルが見たら激昂《げっこう》することでしょう。

83
すべてを見せない人

私は神秘的な人に惹《ひ》かれます。

完全な秘密主義というのではないけれど、どこか謎《なぞ》めいていて、もっと知りたい、もっと見たいと思うような人です。

カトリーヌ・ドヌーヴは「魅力的な人とはどんな人か」と問われて次のように答えています。


すべてを見せない人、その人の表情の奥にあるもの、言葉の奥にあるものを、自分も知りたい、経験したいと思わせるような人。


大賛成です。

温泉や電車でのパフォーマンスには「もっと知りたい、もっと見たい」と思わせるものが皆無《かいむ》、どころか、一生のお願いだから隠してください、と言いたくなってしまう。色香を感じるか、と尋ねられたらもちろん、ぜんぜん、となります。

84

これみよがしな人

これみよがしなファッションやこれみよがしな態度、これらにも色香を感じません。

これみよがし。愛用の辞典によれば「これを見ろと言わんばかりに自慢そうに見せつけるようす」とあります。いかにも嫌なかんじです。

肌の露出が過ぎるファッションにしても、媚《こ》び媚びの態度にしても、その意図がわかりすぎるほどにわかるのは、見ていてつらくなります。そして、これは年齢を重ねれば重ねるほどに、目をそむけたくなるほどのものになってしまうので、気をつけなければいけないと自戒しています。

隠すから、ひけらかさないから、主張しないからこそにじみ出て香る、それが色香というものなのですから。

85

シャネルNo.5のCM

一九七〇年代に「シャネル」は初のミューズとしてカトリーヌ・ドヌーヴを起用しました。香水No.5のCMは彼女の独白《どくはく》というスタイルです。

ブラックドレス、豊かなブロンド、途中、すこし足を動かしたときに見える黒いストッキングの片膝がどきりとするほど印象的。リラックスした空気感のなか、囁《ささや》くように観ている者に話しかけるこのＣＭは世界中を魅了しました。

このＣＭについてドヌーヴは興味深いことを言っています。六十代半ばころの言葉です。

ユーチューブで大ヒットしていると聞いて、三十年前のＣＭをあらためて観たの。私は黒いドレスを着ていて、恋人について話している。見せなくても言葉で色香を醸《かも》し出すことができるということね。そういう映像だと思った。
現代は逆。すべてを見せて、そして何も言わない、そんな時代だから。

このＣＭのドヌーヴを賞賛《しょうさん》する言葉に「ミステリアス・ビューティー」がありました。

神秘的な美しさ……。

能役者・世阿弥《ぜあみ》の言葉を想います。

86

秘すれば花

秘すれば花なり。秘せずは花なるべからず。


『風姿花伝《ふうしかでん》』の有名な一節。

「秘めておくことがたいせつであって、秘めておくからこそ、それが花となる。すべてを見せてしまったらもはや花ではない」という意味です。

能楽について述べているので、この場合の花というのは、ここぞというときの見せ場、と理解してよいかと思います。私は、『花＝魅力』と解釈して自分のなかにしまっています。

この一節には続きがあって、意訳すると次のようになります。

これは能楽に限らなくて、あらゆることに言える。芸術でもビジネスでも、秘め事が必要で、秘めておく行為それ自体が、意義深い行為なのだ。秘めておくというそのようす、秘め事がすでに秘めている人の花であり、秘めているからこそ、それが外にふと表れたとき、それを見たものは思いがけなさもあり、強く感銘を受ける。

色香に通じます。

87

若い人の言葉を使う大人

カトリーヌ・ドヌーヴの「見せなくても言葉で色香を醸《かも》し出すことができる」に、言葉づかいのことも思います。

これも好みの問題かもしれませんが、どう解釈しても、なんて汚い言葉なんだろう！　というものがあって、使いたくないからここには書かないけれど、たとえば排泄物をあらわす名詞を、強調の意味で使ったり、侮蔑《ぶべつ》の意味で使ったりといったことです。何だかおわかりですか？

どんなにその意見、内容に感心しても、汚い言葉が使われていると私はそこで一気に冷めてしまいます。SNSで誰もが自分のことを発信できて、それが残るという時代、そういうシーンに出くわすことも多くて落胆《らくたん》です。話し言葉ももちろん同じことですけれど。

また、汚い言葉ではなくても、いわゆる若い人たちがさかんに使っている言葉をさかんに使う大人を見ると、これまた落胆します。

ファッションと同じで、言葉にも年齢によって似合う似合わない、があると思うのですが、いかがでしょう。

88

信じたい言霊《ことだま》

「言霊」を私は信じています。

言霊。愛用の辞典によると、「その言葉に宿ると信じられた不思議な働き」とあり、例文として「言霊の幸《さきは》ふ国(＝日本の美称)」があげられています。言葉の幸ふ国(ことだまのさきわうくに)に住んでいてもいなくても、言葉のもつ力は確かにあると思います。

汚い言葉、若い人たちの言葉を多用する人に、私は色香を感じません。

89

色香が欲しいときの映画

さて、色香のことをあれこれと言ってきましたが、そんなの無理、そんなの忘れちゃった、と断言できてしまうシーズンだってもちろんあります。

そして以前なら、きっとそのうちにまた……と思えていたのに、年齢を重ねるほどに、もうこのままないのかもしれない、私はすでにそういったものを失ってしまったのかもしれない、と思うことが増えてゆきます。

色気だって色香だってどっちだっていい、どっちにしても私にはもうそんなのぜんぜんないんだもん、といじけて、このまま朽《く》ちてやる、とやさぐれて、それからどっと不安になります。

そんなときは映画を観ます。

90

『花様年華《かようねんか》』に肌がざわめく

たとえばウォン・カーウァイ監督の『花様年華』。

マギー・チャンのチャイナドレスが美しすぎて、彼女の立ち振る舞いも美しく艶《なま》めかしく、私はこの映画を観るたびに、まずうっとりとして、それから猛省《もうせい》します。すべては自分の意識のもちようなのだと気づかされるからです。

恋の相手役がトニー・レオンで、私は彼の大ファンなのでたまらない映画となっているわけですが、私自身の好みを抜きにしても、潤《うるお》いをもたらしてくれる映画だと思います。お互いに結婚しているふたりの恋愛がひとつのテーマ。性愛のシーンはないのに、むせかえるようなエロティシズムがあります。視線、香り、欲望。

花様年華というのは、咲き誇る花のように人生のもっとも美しい時期のこと。この映画のふたりは三十過ぎぐらいでしょう。外見的には、もっとも美しいとされる時期かもしれません。

けれど私はその年齢をとっくに過ぎています。だから咲き誇る花のような花様年華は望めないかといえば、そうでもなくて、なぜなら『花様年華』、これは人生のもっとも美しい時期ではなく、恋愛のもっとも美しい時期を描いていると思うからです。

つまり、恋のはじまり、そして、成就《じょうじゅ》しないからこそ昂《たかぶ》る恋情、そんな「恋愛の花様年華」を描いている、と考えれば、年齢なんて関係ないじゃない、と思えるわけです。

映画のなかで、とくに響いた言葉をふたつ。

過去は観るだけで、
ふれることはできない。

苦しいほどにかなしい。

こんな言葉に肌がざわめき、胸に甘やかな痛みが走るということ。私が単純なだけかもしれないけれど、私はそんな時間をもつことで色香と離れないでいる気分になります。

91

『キャロル』の恋に涙する

……そうだった。人を好きになるのって、こういうことだった。それはほんとうに、もう、たまらなく「生」を感じるものだった。こころの底から「生」を肯定したくなる、そういうものだった……。映画『キャロル』は恋愛のそんな感覚を呼びもどしてくれる映画です。圧倒的に美しく、せつなくて、音楽、映像、選び抜かれたセリフ、衣装、そしてストーリー、ぜんぶがぜんぶ好みでたまりません。

出逢いのシーンに雷にうたれたようになり、女ふたり、はじめての性愛シーンでは、お互いが愛しくてたまらない欲しくてたまらない、そのようすが、あまりにもみごとに表現されていて、泣けてきて、性愛シーンと涙という組み合わせが私にはなじみがなかったものですから自分でも驚きました。

涙といえば、アメリカの作家ジョン・アーヴィングの言葉があります。

> 涙は神聖なもの。弱さではなく強さを内包している。どうにもならない悲しみと言葉にできない愛を伝えるものだ。

色香の世界から遠く離れていると感じるシーズンは涙とも離れているようです。

誰かを好きになると、傷つくことも、もれなくついてくるけれど、そして涙もたくさん流すけれど、それでも私はこの世界が愛しいのです。

92

『昼顔』のせつない性《さが》

カトリーヌ・ドヌーヴ主演の映画『昼顔』も忘れがたい映画です。
ヒロインは「貞淑な妻」でありながら「昼顔という名の売春婦」でもあるという、自己を引き裂かれた女性。
原作者のケッセルは小説の序文で書いています。要約意訳します。

「深い愛情」と「執拗《しつよう》な肉情」との間の「恐るべき隔離《かくり》」と、その争闘を描きたかった。そして、この争闘は「男女誰もが必ず包蔵《ほうぞう》しているもの」であり、描きたかったのは、「精神」と「肉体」の離反の悲劇である。

心と肉体がまるで別個のものとして存在していて、その二つが一つの人格のなかで闘っている。なんという責苦《せめく》なのでしょう。肉体というものを、肉欲というものを、侮《あなど》ってはいけない、と思い知らされます。

婚外恋愛や複数恋愛やましてや売春をすすめるわけではありません。ただ、可能性はつねにあるということ。自分だけを除外しないことです。

もうどうしようもなくその道を選択した人を、世間一般の誰が決めたかもわからないモラルや常識といったもので私はジャッジしたくありません。

93

そんなきぶんの映画

もうそういうものが私にはないのかもしれない、とかなしくなったときに私が観る映画を紹介してきましたが、ほかにもあるので、いくつか挙げてみます。

ブダペストを舞台にしたクルチザンヌ（高級娼婦）が描かれているエロティックでスリリングな『薔薇は死んだ』。

フィリップ・ロスの小説『ダイング・アニマル』が原作の『エレジー』。ヒロインを演じるペネロペ・クルスが魅力的で、年齢を重ねた男女の悲哀も描かれています。

大好きなトニー・レオン主演の激しい情念、濃厚な男女の不滅の絆《きずな》が堪能できる『ラスト・コーション』。

ドリス・レッシングの小説『グランド・マザーズ』が原作の『美しい絵の崩壊』。ロビン・ライトとナオミ・ワッツが文字通り「親子ほど歳の離れた」年下の男性と一線を超える物語。ラストで原作のタイトルの意味が明らかに。
……あくまでも私の好みですので。

94

香りたつものを尊重する

そろそろこの章を終わります。
先に紹介したアナイス・ニンの「日記」から、たいせつにしている一節を紹介します。

肉と肉とがふれあうところで香水は香りたち、言葉の摩擦《まさつ》は苦しみと分裂を引き起こす。知性には干渉されず、殺されず、枯らされず、壊されず、かたちを創ること、感覚が持つ、たおやかな荘厳《そうごん》さを知ること。それが、生きて、私が学んだこと。その香りたつものを尊重することこそ私の芸術創作の掟だ。

「香りたつものを尊重する」という部分がとても好きです。
人と人がふれあうことで香りたつもの。熱を帯びた瞳で何かを見たときに香りたつもの。流れてきた音楽が肌にふれたときに香りたつもの……。

香りたつものを感じられるときというのは、そうあるわけではなく、自分の状態が敏感でないとそれはおこらないので、その「とき」を最大限に尊重したいと思うのです。

95

枯れゆくときに最高の香りが

花は朽《く》ちてゆくとき最高の芳香を放つと言います。

ファッションデザイナーのマダム・グレも言っています。

◆　花は枯れてゆくときが、いちばんいい香りを出すものなのですよ。

年齢を重ねた人を花にたとえれば、蕾《つぼみ》でもなく開花したばかりの花でもないので、最高の芳香を放つのはこれから、ということになります。ちょっと嬉しくなりませんか？

アナイスの「香りたつものを尊重する」をここに重ねます。

ひとりで香るのではなく、摩擦《まさつ》によって生まれた黒い記憶や苦しい過去、軽やかな思い出、むせかえるような季節、そういったすべてがまざりあい、とけあい、自分だけの色香を放つような人になれたなら……。

憧れはつのるばかりです。

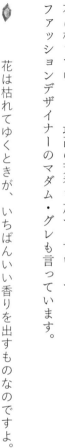

第三章 ◎ 愛する人

思えばこれまでの人生、恋愛に限らず、さまざまな場面で年上の人たちから多くのものを与えられてきました。私自身もずっと愛されたいと、愛するよりも愛されたいという気持ちばかりがあったように思います。

ようすが変わり始めたのは五十歳になるかならないかのころだったでしょうか。あの日から、なんていう記憶はあるはずがないので、いくつかのエピソードを思い出して、あのころかな、と思う程度なのですが、ひとつには、気づけば、周囲にずいぶん年下、たいていは十五歳以上離れている人たちが集っていた、ということがあります。

悩みを聞いてほしい、何でもいいから言葉がほしい、私の体験を聞きたい……、彼らが私のところへ来る理由はさまざまですが、そういったことが増えるにつれ、いやでも気づかされるのです。

ああ、きっと「還元《かんげん》のシーズン」が始まっているのだと。いままでの人生で与えられてきた愛を還元する、愛する側になる、そんな人生のシーズンがおとずれたのだろうと。

96

愛の還元のシーズン

愛されたい愛されたい、とバタバタしていた私が、愛の還元のシーズンだなんて、人生は何が起こるかわかりません。そして自分のなかに芽生え始めたこの未知の感覚はけっして不快なものではありませんでした。

愛情を彼らに注ぎたい、ぜんぶもっていってください、という想い。愛する人になりたい、という想いは、なにか新しい世界にわくわくするような、そんな感覚を私にもたらしました。不快どころではありません。年齢を重ねるにつれて、さまざまなシーンで初体験をすることが減ってゆくなか、初体験感覚は貴重です。なので、このわくわく感を私は大歓迎しました。

けれど、大歓迎はしたものの「愛する」を行動に移すことはひどく難しいことに、あっという間に気づきました。誰かを「愛する」とはどういうことなのかを考えて途方《とほう》に暮れてしまったからです。意味も方法もわからなければ行動に移せるわけはありません。

97

生涯を賭《か》けた最後の切り札

愛とは何か、愛するとは。

これは大昔から思索する人たちが取り組んできた人生における根源的な問いであり、私ごときにその答えが導きだせるとは思っていません。
劇作家の内村直也《うちむらなおや》は言っています。

私はあなたを愛する、という言葉は大変貴重な言葉です。日本の過去の伝統の中にこの言葉がなかったことはむしろ奥ゆかしい想いがするくらいです。この言葉は自分の生涯を賭けた最後の切り札として使わなければいけないと思います。

生涯を賭けた最後の切り札！
それほどの重みが「愛」にはあるということです。難しすぎます。それでも、現時点での私の考えを、日常のなかでふれてきた映画や本、周囲の人たちとの会話、そして先人たちの才を借りながら、愛について、「愛する」ということを意識しながら語ってみようと思います。

98 マザー・テレサの愛の対義語

ところで「愛」の対義語は「憎」。愛憎という熟語もよく使われます。

これに関してはマザー・テレサの有名な言葉がありますね。


愛の反対は憎しみではなく無関心。


マザー・テレサに賛成です。憎しみは愛の対極にあるものではなく、愛がひきずってくるものだと知ったからです。

……誰かを憎んだことはありますか？

愛について考える前に私の「憎しみ」の話をしたいと思います。

99

憎しみ初体験

わりと恵まれた環境で育った私は、性質もあるのでしょうが「憎しみ」とは無縁で生きてきました。嫌い、という感情は多くいだいても、誰かを憎むということがどういうことなのか、実感したことがなかったのです。

はじめて、ああ、これが人を憎むということなのか、と知ったのは四十代の半ば。人生最大の危機、のちに「暗黒シーズン」と名づけることになる時期にいたときでした。心療内科での診断によれば、不安神経症、パニック障害、鬱《うつ》病、といくつかの病名がつけられましたが、ようするに精神がとても弱っていたのです。

そんな状態だったこともあり、自分に起こっている事柄を客観視することができなかったのでしょう。ある特定の人たちに対して人生初の「憎しみ」という感情をいだきました。この章のはじめに初体験感覚は貴重、なんて言いましたが、歓迎できない体験だってあります。これは不本意な初体験です。

憎しみ。愛用の辞典によれば「相手を抹殺したいくらいの感情」ほどの意味をもつ、私にしてみればおそろしく醜い心の動きです。

この憎しみ体験でわかったことは、愛用の辞典の解釈はみごとだということ。そうです。怒りでも、嫌悪でもない「憎しみ」は、相手の不幸を、死さえをも心底、願うことです。

100 『ラスト・タンゴ』の異様な衝撃

そんな感情が自分という人間のなかに生じたことのショックがどれほど大きかったか。私は徹底的に打ちのめされ、絶望にまみれていました。

そんなときに観た一本の映画。それは人生を変えた映画、といってもけっして過言ではありません。

二〇一六年七月九日、五十歳の誕生日を迎えたおよそ二ヶ月後のことでした。『ラスト・タンゴ』。アルゼンチンタンゴの伝説的ペアの軌跡を描いたドキュメンタリーです。アルゼンチンタンゴについては知識ゼロでしたが、映画は、そのときの私に異様なまでの衝撃を与えました。


五十年近くもの間、タンゴのペアであった男と女。

若くして運命的に出逢ったふたりはタンゴだけではなく私生活でも恋人同士として長年にわたって関係を続けます。女は男の浮気、心変わりに苦しめられて、そのたびに激昂《げっこう》し、そんな女に辟易《へきえき》した男は別の女性と家庭をもってしまう。そしてやがてタンゴのペアも解消してしまう。女からすれば最悪の裏切りです。

男の言い分ももちろんあって、それもわかるな、と思いながら、あるときは穏やかにあるときは激情むきだしに語る赤毛のショートヘアの女性、マリア・ニエベスに、すでに八十を超えていたタンゴダンサーに、私は釘づけになっていました。

彼女のタンゴへの情熱、パートナーへの激しい愛、激しい憎しみ。なにより、愛しているときも憎んでいるときも、彼とタンゴを踊ったということ。そして憎んでいたときのタンゴについて彼女が言ったひとこと。

あれは憎しみのタンゴだった。

私はこの言葉に体の中心を貫かれました。

101 「憎しみ」をも拒絶しない世界

憎しみのタンゴ。

タンゴはペアダンスです。私はそれまでペアダンスを踊る男女の関係性は基本的に信頼関係、相手に対する愛情が不可欠なのだと思っていました。つまり、ふたりがうまくいっていないとよいダンスは踊れないと。

それなのに、マリア・ニエベスはパートナーに憎しみをいだきながら踊っていたと、憎みながら、あんなに美しくすばらしいタンゴを踊っていたと言うのです。

アルゼンチンタンゴの世界って憎しみもあたりまえのようにある、そんな世界なのだろうか。美しさと憎しみが同居しているだなんて、そんな世界があるのだろうか。

あのときの心情は、驚きなんていう言葉ではとうてい表現できないほどに強い何かで、映画を観終わったあともしばらく、自分の内部がめちゃくちゃにかきまわされているような状態でした。

落ち着いてから私は思いました。

私は自分のなかに生息し始めた憎しみという感情に絶望していたけれど、もうそれをいだいてしまったのなら、それを受け入れるしかないのではないか。受け入れるだけでなく、憎しみを知ってしまったことを、たとえば創作活動といった生のエネルギーに変えるべきなのではないか。

それから、知りたい、と強く思ったのです。憎しみさえ踊りの表現となるアルゼンチンタンゴというものを知りたい。

こうして私は「憎しみ」という感情をひそかに重くずるずると携《たずさ》えてタンゴの世界に足を踏み入れました。

102

アルゼンチンタンゴと瞑想

あれから五年。プロのダンサーを目指しているわけではないので、私なりのペースでタンゴを続け、いまでは「真剣な趣味」として、人生に不可欠なものになっています。

憎しみから逃れられないでいる、どろどろしている、クレイジーである、熱しやすく冷めやすい、浮ついている、愛を求めすぎる、理解されたくてたまらない、嘘ばかりついている、駆け引きにぞくぞくする、血が騒ぐ感覚がたまらなく好き……そんなうっとうしい自分を活かすことが可能なダンス、私という人間を表現することが可能なダンス、それが私にとってのアルゼンチンタンゴです。

私はタンゴの、踊る相手とのふたりだけの世界、刹那《せつな》に埋没《まいぼつ》する感覚を愛しているのですが、踊っているときの感覚をヨガの世界で生きている友人に話したことがあります。

その瞬間は何も考えないでいられるの、周りがどうでもよくなってしまうし、ふたり以外のすべてが消滅してしまうようなかんじ。音楽は大音量で流れていて私も曲を聴いてはいるのだけど、しんとした静寂があるようで。パートナーのリードを感じることに集中してはいるのだけど、集中しようとしているのではなくて、ただそれができているという、不思議な感覚。

彼女はしずかに、そしてあたりまえのように言いました。「瞑想《めいそう》と同じね」。

驚きました。なぜなら私は「瞑想」が苦手だったからです。何度か挑戦したことはあるのですが、いつだって雑念の嵐。自分には向いていないのだと諦めていました。

だから友人に対しても、そんなわけない、と否定したのですが、彼女は笑って言いました。「だって、あなたが話してくれた踊っているときの感覚って瞑想そのもの」。

タンゴと瞑想、イメージ的には真逆のようなのに、とても興味深いことです。瞑想によって心身が鍛えられるのであれば、そして私がタンゴを踊りながらそれと似たことをしているのであれば、私はわずかずつではあってても強くなっているのかもしれません。

103

そのための強さがほしい

わずかであっても強くなっているなら、これはとても喜ばしいことです。なぜなら、タンゴに出合って、私はいままでにないくらい強烈に「強くなりたい」と願うようになったからです。

タンゴを踊るときは、精神的に落ちこんでいても、体がいまひとつの状態でも、自分の脚で立ち、自分のステップを踏まなければなりません。だから、自分の脚でしっかり立つための強さがほしい、と願うわけですが、そんな気持ちでタンゴを続けるうちに、これはタンゴだけではなく、人生そのものに言えるのではないか、と思うようになりました。「すこしでも美しくタンゴを踊りたいからそのための強さが欲しい」、この気持ちに「すこしでも美しく生きたいからそのための強さが欲しい」が重なるようになったのです。

周囲の年下の人たちの存在もあります。彼らの力になりたい、そのための強さが私は欲しい。

104

ピナ・バウシュのたくさんの強さ

舞踏家のピナ・バウシュ。彼女の世界観を撮ったドキュメンタリー『One Day Pina Asked』、四十歳になったばかりのピナの言葉がとても印象的でした。

終盤、「未来への展望を教えてください」と言われて、ピナは考えこみます。間があって、それからしずかに、考え考え、こう答えます。

どうでしょう……。だって、世界には大きな問題があるから、自分に未来を求めるか聞くのをためらうような……。でもきっと私が願うのは強さ。たくさんの強さと愛。……たくさんの強さ、だと思う。

ピナには彼女を慕う舞踏団のメンバーがたくさんいます。彼女の公演を心待ちにしているファンが世界中にいます。そしてピナは彼らに自分がいまできる最大限のものを与えたいと願っていて、そのために彼女が願うのは「強さ」だと言っているのです。

ピナほどの規模ではなくても、私を求めてくれる人がいたなら最大限のものを与えたい。愛したい。そのためにはやはり強さが必要なのだと、ピナの言葉からも思います。

面白いものだな、と思います。憎しみを知って絶望して、タンゴに出合って強くなりたいと願い、ほぼ同時期に年下の人たちが周囲に増え、彼らを愛するためにさらに強くなりたい、と願うようになっているのですから。

「愛する」についてさらに考えてみます。

105

愛するとは見逃すこと

『愛と同じくらい孤独』からフランソワーズ・サガンの言葉を。

愛するということはただ大好きということだけではありません。理解することです。理解するというのは見逃すこと……よけいな口出しをしないことです。

トークイベントなどで、よくこの言葉を引用するのですが、そのたびに似た質問を受けます。

「見逃すのが愛、というのがわかりません。愛していたら注意してあげたい、その人のよくないところを指摘してあげたいと思うものではないですか？」

私はそう思いません、といつも答えます。なぜなら、その人のよくないところ、とは誰が決めたことなのか、と思うからです。

あなたのここがよくない、もっとこうしたほうがいい、といった意見は、何に基づいているかといえば、意見した人の考えです。だからそこには自分が望むように相手を変えたい、という気持ちが潜《ひそ》んでいることが多い。それを承知の上で、つまり自覚があって言うならまだしも、無自覚に「これが正しい」と疑いもなしに言うなんて、とっても高慢だと思います。

私はいままでに愚かすぎて赤面してしまうようなことをたくさんしてきて、いまもしばしば自分の愚かさにがっかりしているので、とてもじゃないけど人に意見などできない、という残念な事実もありますが、それを置いておいたとしても、誰かを愛していたなら、それが子どもであれ、親であれ、きょうだいであれ友人であれ、恋人であれ、よけいな口出しをせずに見逃すことを心がけたいと思うのです。

106

愛する人のセイフティ・ネット

それでも、よけいな口出しをしないことを心がけつつも、見守り続けたいとは思っています。

サーカスなどで万が一落下したときに命をすくうためのネット、あのイメージです。私は愛する人が危険な状態になったときのセイフティ・ネットでありたい。

これがいまの私の「愛する」の理想形のひとつです。

107

どうしても我慢できないとき

それでもどうしても我慢できないときだってあります。自分に直接的な害があるときで、そんなときは伝えます。

あなたのしていることが正しいか正しくないかなんて私にはわからないし、好きなようにすればいいと思うけど、いま私はあなたがしたことで不快な気分になっています、と。

たとえば、お酒を一緒に飲んでいてお酒に飲まれて正体をなくしてしまうような人には「お酒に飲まれてしまうのは大人として社会人としてよくないことだ」ではなく「それが私は不快だった」と伝えます。

待ち合わせに遅刻しがちな人に対しては「遅刻は相手に失礼だ」ではなく、「私にそれほど会いたくないのかな、と考えてしまって悲しい」と伝えます。

私は世間のモラルとか常識といったことにどうも同調できないし、正しいとか正しくないといったことを深く考えることなく口にする人は美しくないと思っているので、自分がそうならないように警戒しているのです。

サガンの言葉に戻ります。愛するとはよけいな口出しをせずに見逃すこと。これは、このところ私のなかで重要さを増してきている「手放す」につながるように思います。

108

ヨガの世界のかわいい人

ヨガの世界で生きている友人がいます。タンゴを踊っているときのことを話したら「瞑想と同じね」と言った人です。

彼女は私とほぼ同年代、ものすごい知識と経験があり、多くの信奉者がいる魅力にあふれた人です。それでも彼女をあらわす言葉をひとつだけ挙げよ、と言われたなら私は、かわいい人、と答えるでしょう。いつも瞳をきらきらさせて、自分の意見を言うときにも、ちょっと恥ずかしそうにしている、もちろん的確なことを言っているのに、です。

そんなかわいい彼女とおしゃべりをしているといつでも頭を撫《な》でられて慰撫《いぶ》されているような心持ちになります。私の暗い部分や弱い気質、私自身はほとほとこれがいやだよ、って思っている情けないところを彼女は「せつない、とってもせつないものをかかえていて」と表現してくれる、そんな優しさに満ちているからです。

109

「手放す」という動詞

出逢ってからもう八年が経ちますが、出逢いのころからずっと、彼女の話に必ず登場する動詞があって、それを私はずっと聞いていたのに、その動詞が私のなかで重要なものとして認識され始めたのは最近のこと。「手放す」という動詞です。

自分のものなど何ひとつない、人も同じ、愛するときには精一杯で愛して、その時期が終わったなら、手放す、どんなにせつなくても、どんなに心が揺らいでも苦しくても、手放すことが美しい人生に通ずる。

そのような内容のことを、彼女はいつもしっとりと話してくれるのですが、ようやく私の人生に彼女の言う「手放す」が入ってきたようです。それができるようになりたい、と心から願うようになりました。

カトリーヌ・ドヌーヴの言葉にも「手放す」があります。六十代はじめのころのです。

手放すこと、完璧でないことを受け入れることを学んで、ようやく、すべてをコントロールすることはできない、ということを理解したわ。

すべてをコントロールすることはできないことを理解したとき、人はより寛容に、より優しくなれる。年齢を重ねたドヌーヴを見ているとそう思えます。

110

マドンナがようやく学んだこと

マドンナにも似た言葉があります。五十八歳、息子の親権争いで、元夫の要求をのみ、合意にいたったときの言葉。

ようやくすべてに勝つ必要がないことを学んだの。

すべてを自分でコントロールしなければ気がすまなかったマドンナにとっては、新鮮な経験でした。

両親が自分の親権をめぐって争っていることは息子にとっても苦痛であり、息子は父親寄りだったので母親のマドンナに対して冷たい態度をとるようになっていました。

このことはマドンナにとってなによりつらく、親権争いを終わりにしようと決意するわけですが、マドンナは「勝たない」ことによって息子からの愛情を取り戻したのです。

カトリーヌ・ドヌーヴもマドンナも、同じ年齢のころに、似たことを言っていることに私は注目します。若いころからそれを知っている人もいるでしょうけれど、ある種の人たちは、ある程度の年齢を重ねることによって、手放すことを知るのかもしれません。

111

恋愛が終わるとき

けれど、「手放す」、これは容易なことではありませんね。

心をよほど強く広くもたないと、手放したふり、で終わってしまいます。執着する、しがみつくほうがずっと簡単。

自分の恋愛事情を思えばよくわかります。愛する人が自分ではない人を愛したとき。あるいは、愛という深い感情まではいかなくても、好意をもっている人が私ではない人に強い興味をいだいているのがわかったとき。いともあっけなく、手放すって何、そんなの知らない、となってしまいます。残念すぎます。

こういった私自身の体験から、また小説や映画などから、人の本性は恋愛が終わるときにあらわれる、と思うわけですが、終わりをむかえたときに大活躍しがちなのが「手放す」の邪魔をする「執着」であり、「しがみつく」という心模様。

自戒のためにも、執着してしがみつく、ということについて考えてみます。

112 ヘミングウェイにしがみつく人

私が、こうはなりたくない、と思う人に、こんなところで例として挙げたら恨まれそうで怖いのですが、作家ヘミングウェイの四番目にして最後の妻メアリがいます。伝記『パパ　ヘミングウェイ』から。

うまくいかなくなった夫婦の喧嘩は日に日にエスカレートしてゆくのですが、たとえば、あるときヘミングウェイはメアリにカルティエのブローチをプレゼントします。それに対してメアリはたいへんな癇癪《かんしゃく》を起こす。なぜならメアリが欲しがっていたのは同じカルティエでももっと高価なダイアモンドのイヤリングだったから。そんなメアリについてヘミングウェイはこぼしています。

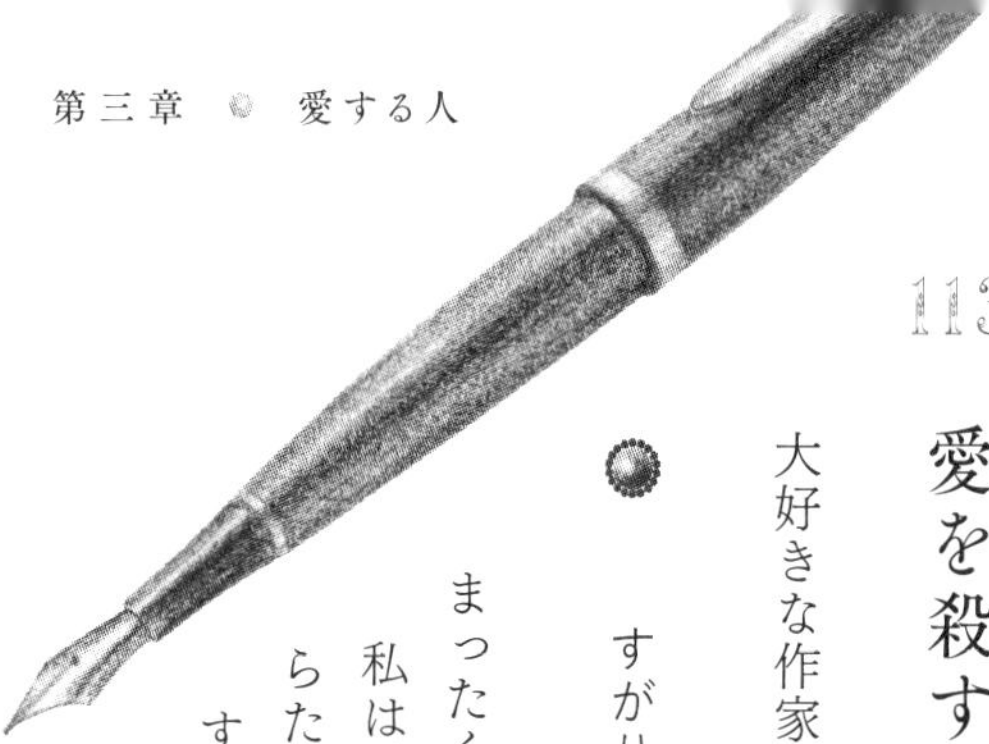

あいつと別れられたら、どんなにサバサバするか。しかし、おれも年を食いすぎて、いまさら四度目の離婚となると金が続かない。だいいちメアリのやつ、おれにしがみついてくるだろう。

寒い、とても寒いセリフですが、私がもっとも反応してしまうのは「しがみついてくる」、この部分です。

113

愛を殺す確実な道

大好きな作家メイ・サートンは『独り居の日記』で言っています。

すがりつこうとするほど、愛を殺す確実な道はない。

まったくその通りだと思います。

私は、ある特定の人に「しがみつく」ような生き方だけはしたくない、とあらためて思います。しがみついている自分の姿を想像するだけでぞっとします。確実に愛を殺すだなんて、そんなこと、ほんとうに嫌です。

114

ジャンヌ・モローの「唯一無二」の女

フランスの作家マドレーヌ・シャプサルに『嫉妬する女たち』という作品があります。六人の女性へのインタビュー集で、それぞれの「嫉妬」についての考えはとても興味深く、なかでもジャンヌ・モローの章にはメモしておきたいセリフがたくさんありました。

恋多き人として知られるジャンヌ・モロー、当時四十代後半。いまは相手に執着してしがみつくような感情に支配されていないのよ、と言い、その理由として次のように語っています。

自分にむかって、わたしは唯一無二だって言えるようになったの。こういう女はわたししかいない。だから、たくさんの女性がいようと、多くの恋愛があろうと、わたしはやはり唯一無二の存在でありつづける。(略)すべてを手にいれようとか、相手をつなぎとめようとかしないから、わたしはますます唯一無二の存在になる……。

強気のジャンヌ・モローらしい言葉です。

同じ人間はいないわけだから、誰だって唯一無二の存在です。けれど、このジャンヌ・モローの言葉には「唯一無二の存在」、誰とも取り替えのきかない存在であろうという覚悟が見えます。そしてその覚悟をもたらしたものは、執着してしがみつく人でありたくない、という想いなわけですから、ジャンヌ・モローのような覚悟をもてたなら、執着してしがみつく人になることを回避できるのかもしれません。

115

決定的なダメージ

執着してしがみつく以外にも、私がなんとしても避けたい行為として、第三者に対して感情の矛先を向けることがあります。

フランスの作家ロジェ・ヴァイアンは言いました。

◇ 恋愛とは、愛し合っているふたりの人間の間に起こる出来事である。

ほんとうにその通り。ふたりの問題なのです。

私は好きな人に別の人、第三者が登場したとき、第三者を自分の感情のなかに巻きこむことだけはしない、と決意しています。自分のなかではクレイジーな刃がぐるぐると体内を駆けめぐっていたとしても、その刃を第三者に向けることだけは、なんとしても自制する、と決意しています。こんなところばかりには力が入るのです。

だから、たとえば夫や恋人がほかの女性を好きになったとき、その女性に会いにゆき、別れてください、と言うような行動は嫌いです。ふたりの問題であるはずなのに、それを無視した行為だからです。話し合うのはあくまでも夫（恋人）。ふたりの問題はふたりで話すべきです。

もし、決意しているにもかかわらず第三者を巻きこむようなことをしてしまったなら、私は決定的なダメージを受け、立ち直れないでしょう。

なぜなら決定的なダメージは、誰かから受けるものではなく、自分のなかの醜《みにく》さと正対したとき、絶対してはいけないと決めていることを自分がしてしまったときに受けるものだからです。

116

愛し合った記憶への礼節

恋情愛情は時間とともに薄く淡くなり、はじめのころの姿でなくなっても、愛し合った記憶があるならば、そんな瞬間をもった記憶が「一瞬」でもあるならば、その記憶への最低限の礼節というものがあるはずです。

だからどうしても尊重したい、と思うのです。相手が私から離れたいと思ったなら、その気持ちを。

ほんとにできるの？　と自問すれば、まったく自信はありません、と即答です。けれど、望まなければ何も始まりませんから。

そしてきっと、そのときはじたばたするのでしょう。泣き濡れるのでしょう。自己憐憫の嵐のなかでじっとうずくまるのでしょう。

けれど最終的には、相手の希望をかなえたい。愛し合った記憶への礼節として、最後に、愛している人を手放したい。おねがい、どうかそうであって私……これ、もうほとんど切望です。

117

年齢と恋愛

一方で「手放す」の根底には、もしかしたら臆病さが潜んでいるのかもしれない、という疑いもあります。

いくつかの経験で、執着してしがみつくほどに傷はますます深くなるということを学んだから、自分が傷つかないための防衛手段として「手放す」ことを自分自身に課しているのかもしれない。

年齢を重ねるということは、恋愛のあれこれに臆病になるということでもあるのでしょうか。ほかのことはどんなふうに変わるのでしょうか。
年齢と恋愛について考えてみます。

118

この年齢で耐えられるのか

私にとって特別な映画『めぐりあう時間たち』のなかで、四十代半ばくらいの男性が、教え子である若い男性と恋愛関係になったことを旧友に話す場面があります。

不安なんだ、この年齢になってまたあの恋愛という激しい感情のうずのなかに巻きこまれることに耐えられるのかと、不安や悲しみや嫉妬や独占欲や欲望やそういうものに自分が耐えられるのかと。

私も充分に彼の言うことがわかる年齢です。
恋愛はとにかくエネルギーを消耗するから、年齢とともに体力気力の衰えなどを感じ始めたりすると、愛に対しても消極的になりがちで、それどころか、わずらわしい、と思うことさえあります。だからといって愛を避け続けていると、その先には乾燥地帯が広がっているようでそれも嫌。
わかっているけれど、一歩を踏み出すのに若いころより勇気なり覚悟なりをもつように
なるのは当然でしょう。

119

サガンの「暗い勝利」

年齢と恋愛についてはフランソワーズ・サガンの言葉もあります。

ある程度の年齢に達すると、人に対しては自分に都合のいい感情しかいだかなくなります。相手の占める位置を、こちらが設定するようになります。これは時間割の問題です。

恋人との生活の要求が、自分自身の生活とうまく噛み合うように生活設計をしている友だちがいます。これが老いです。感情のほうが、第二の本能である生活習慣に従うのです。余裕の度合いによって、他人との関係を選ぶわけです。暗い勝利です。

サガンが言うには、たいてい五十代に入ったあたりから人はこんなふうになりがちで、安定、安易を選択する。なぜなら「いまさら傷ついたりしたくないから」。身に覚えがありすぎます。そして「暗い勝利」なんて嫌すぎます。どうやらもうちょっとがんばるしかないようです。

たとえば、あくまでも想像上のことだけれど、愛する誰かが、私を切に求めている夜があったとしたら、保湿パックをしてアイクリームを塗ってベッドに入ったあとだったとしても、すぐ駆けつけるくらいの熱を、もち続けていたい。想像上のことだとしても、そのあたりはがんばるしかないのだろうな、暗い勝利が嫌ならそうするしかないな、そんなふうに思っています。

120

生の凡庸《ぼんよう》さにあらがう魔法

サガンが言う「暗い勝利」を勝ち取ることはいつでもできるわけで、いつでもできることなら、いまする必要もないわけです。

美しく年齢を重ねた人たちの言葉にも励まされます。

アナイス・ニンの言葉。

死、老い、生の凡庸さにあらがう唯一の魔法は愛です。

オードリー・ヘップバーンの言葉。

何を恐れるかといえば、老いや死よりも、孤独や愛の欠如です。

フランスの歌姫ジュリエット・グレコ八十五歳のときの言葉。

恋愛はしているわ。だって恋愛がなければ死んでしまうもの。愛さなければ生きていないのと同じ。愛は美しいものをさらに美しく見せてくれて、醜さをやわらげてくれる何かなのよ。

すべてにうなずけます。とくにグレコの「愛は美しいものをさらに美しく見せてくれて、醜さをやわらげてくれる何か」という言葉には魅了されてしまいます。

121

メトロの車窓に映った顔

それでも、メトロの車窓に映った自分の顔にぎょっとしたときは、即座にすべての決意や理想が崩れ落ちます。光線の加減で最悪な状態で映し出されることが多いメトロの車窓は危険。

「アナタダレ」と心でつぶやいて、しょんぼりです。ある夜も「アナタダレ」と心でつぶやいたとき、イヤホンから流れてきた曲に、泣きそうになってしまいました。

イスラエル系スペイン人のミュージシャン、ヤスミン・レヴィの「ウナ・ノーチェ・マス（あと一度だけ、あの夜を）」。私より九歳年下なのに人生を知り尽くしてもう一回生きている、くらいの凄みがある彼女の歌声になぜ泣きそうになってしまったかと言えば、それは歌詞の内容にありました。

もう若くはない女性が年下の恋人にふられてしまう。そして恋人には輝くばかりの若さがあるけれど、自分はもうこんな歳……と、もう若くはないことを嘆く。でもあと一度だけ、一度だけ、と未練にむせぶ、少々怨念《おんねん》めいた物語です。

年齢を重ねた人でなければわからないだろう、このせつなさ。好きな人が若くなくても同じこと。

「年齢を重ねるって素敵よね」と言えたらいいけれど、それを無邪気に言うのはやっぱり嘘。こんなふうに、メトロの車窓に映った顔に愕然《がくぜん》として、年齢を重ねた女の悲哀の歌を聴いて、失われた若さに打ちひしがれるときだってあるのですから。

　ということで次は、失われた若さ、年齢を重ねるということを考えさせられる映画の話です。

122

『私の知らないわたしの素顔』、加齢の過酷さ

『私の知らないわたしの素顔』のヒロインは五十代の美しき大学教授。私の大好きなジュリエット・ビノシュが演じています。夫が若い女性を好きになり離婚。その後、ヒロインも若い恋人とつきあうけれど、軽く扱われあっさり捨てられる。そして踏み入れたSNSの世界。そこで彼女は若い女性になりすまして、バーチャルの恋愛で輝きをとりもどしてゆく。けれど……。

　日本に比べれば若い女性がもてはやされることが少ないはずのフランスなのに、どうしてここまで若さに執着するのか、という疑問は最後に明かされる心理サスペンスです。

　もう若くはない女性の心情がこまやかに描かれていて、私と同年代ということもあり、ヒロインの焦燥、苦しみに共鳴します。

123

『アクトレス』の若さへの執着

同じジュリエット・ビノシュ主演の映画『アクトレス』。

ヒロインの職業はタイトルになっている女優なので、彼女の前に立ちはだかる加齢という問題は、私なんかとは比べものにならないくらい深刻なのでしょうけれど、これまた自分と同年代ということで、ヒロインの言動がちくちく刺さります。

ヒロインは時の流れを嘆き、若い女優との共演で、自分がもう若くはないことを思い知らされ、若さを失いたくない、と願っています。見ているほうが苦しくなるくらいに。けれど、これがおそらく現実。美しく年齢を重ねることをテーマに書きながら言うのも無責任ですが、加齢を受け入れることは、現実問題として、難しいことなのです。

胸に残ったセリフ。

若さに執着《しゅうちゃく》しない人は年齢そのものから自由でいられる。

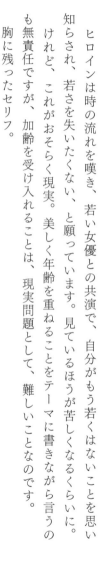

執着しないこと、手放すこと、これは年齢そのものにも言えるようです。

124

『最高の人生をあなたと』に見る老いへの不安

歳をとることを受け入れるって難しいのね、としみじみと思う、でもどこかコミカルで笑えてしまうのが『最高の人生をあなたと』。

キャッチコピーは「時代はウィズ・エイジング。美しく年齢を重ねたい全ての女性に贈る、ビタースウィートな応援歌」。六十歳を目前にした夫婦の物語、「老い」に対するふたりの感覚がまるきり違うことから離婚の危機に。

ヒロインの老いへの不安、老いをくいとめるための努力、それでも、ああ、鏡が恨めしい、とため気をつく姿がせつないです。すべて私の未来でもある、と思うと他人事なんかではありません。

私はヒロインを演じるイザベラ・ロッセリーニのファンなので、彼女に見入ってしまうのですが、彼女を見ていて思うのは、魅力は瞳に宿るということ。瞳にはシワもできないし、たるみもない。誰かを見つめる瞳、熱心に自分の考えをしゃべっているときの瞳、ひとりカフェで物思いにふけるときの瞳。

こんな瞳をもちうる人でありたい、と思います。

125

人生は続く『ミス・ブルターニュの恋』

『ミス・ブルターニュの恋』。これはちょっと年齢があがって、六十代半ばくらいの女性がヒロイン。大好きなカトリーヌ・ドヌーヴが演じていて、ここには加齢への嘆きはなく、あっけらかんと明るく笑っちゃおう、という気分になれる映画です。

彼女はフランスの田舎町にある小さなレストランをきりもりしていて、老齢の口うるさい母親と同居していて、夫は浮気中に食べ物を喉に詰まらせて亡くなっていて、ひとり娘とも疎遠《そえん》。愛人がいたけれどその愛人も若い女性に走ってしまう……というかなりどん底な状況。

ある日、ヒロインはレストランを抜け出し車を走らせ、そこから物語が展開して、彼女の表情に生気がもどり始めます。

飲みすぎて気づいたら四十くらい年下の男の子とベッドにいてびっくりなんてシーンもあります。同年齢の男性と出逢って夜をともにした翌朝、互いの好きなこと嫌いなことを伝え合うシーンは、恋のはじまりのときめきが描かれていて、何歳になってもこれは変わらない、恋に年齢制限はないのね、と胸があたたかくなります。

私はほんとうにこの映画が好き。

ラストシーン、少年がおおらかにかろやかに叫びます。

「人生は続く！」

そう、生きていれば人生は、たしかに続くのです。

126

倦怠期《けんたいき》に『間奏曲《かんそうきょく》はパリで』

『間奏曲はパリで』。これはひと組みの夫婦の話です。

ひとり息子も独立して、夫婦ふたり、田舎で農場を営んでいる、おそらく五十代後半くらいの女性がヒロイン。夫婦は何度目かの倦怠期にいます。ヒロインを演じているのは私が好きな女優イザベル・ユペール。彼女は、あるときひとりでパリに行きます。二泊の予定で夫には嘘をついて。そしてほかの男性と楽しいひとときを過ごし一夜をともにする。

このことを夫は知るけれど何も言わず、夫に知られたことを知った妻も何も言わず、そして妻は過去に夫の浮気を知ったことがあるけれど何も言わず、ようするに、夫婦ふたりとも、それぞれの婚外交渉を知っていて、それを口にしない。そのうえで、いちばん一緒にいたいのはあなた、ということ。

これはオープン・マリッジとは異なります。オープン・マリッジは互いに別の相手と性的関係をもつことに夫婦が合意している婚姻関係。この映画の夫婦は話し合って合意しているわけではなく、けれど暗黙のなかで互いの欲望を受け入れている、そのなんともいえない空気感が私は好きです。

127

人生の間奏曲

原題は「La Ritournelle」、リフレインとかルーティーンという意味です。

ずっと同じような日常のなか、非日常的なことへの欲望、衝動が、ふと突き上げてくることはありませんか？

私はしばしばあります。この映画の夫婦は、私から見ればそういった欲望、衝動が少ない人たちなのに、それでも、こういうことが起こりうるのです。

邦題に使われた「間奏曲」という言葉が好きです。

間奏曲。劇や歌劇の幕間《まくあい》に演奏される音楽。メインではないけれど、これがないとメインも成立しません。

人生にも間奏曲が必要なのだと思います。

この映画ではパリへのひとり旅、一夜の情事がヒロインの人生の「間奏曲」。私の人生の間奏曲はどんなのがあったかな、これからはどんなのがあるかな、そんなことを考えさせられる映画です。

128

『50歳の恋愛白書』に人生の転機を想う

残念な邦題がつけられてしまっていますが、これも好きな映画です。原題は「THE PRIVATE LIVES OF PIPPA LEE」（ピッパー・リーのプライベートライフ）。

私が好きなレベッカ・ミラー監督の作品で、ヒロインのピッパー・リーをロビン・ライトが演じています。ヒロインは、結婚するまでは波瀾万丈の人生だったものの、結婚後は落ち着いて、五十歳のいまは美しく年齢を重ねた女性として、母として妻として、誰からも理想的な人、と讃《たた》えられています。

けれど彼女自身はどこか物足りなさを感じている。そんなとき十五歳年下の男性と出逢って、それをきっかけに彼女の人生に変化が訪れます。五十歳の女性が何を選択して今後の人生をどのように生きようとするのかがとても丁寧に描かれています。

人生には何度も転機がおとずれる、そう、これからもおとずれる、そんなふうに思える映画です。

次は年齢から離れて、愛そのものについて考えさせられることの多い映画の話を。

129

フランソワ・オゾンの『8人の女たち』

フランソワ・オゾンは私が好きな映画監督のひとり。彼の作品のほとんどを観ています。『8人の女たち』はカトリーヌ・ドヌーヴをはじめ大女優たちが出演した極上のミステリー・ミュージカル。ファッションも存分に楽しめます。

心を軽やかにしたいときに観ることが多い映画で、もう幾度となく観ています。

130

幸せな愛はどこにもない

この映画のラストの曲は「Il n'y a pas d'amour heureux　幸せな愛はどこにもない」。ルイ・アラゴン作詞、ジョルジュ・ブラッサンス作曲。好きな一節を。

生きる道を知ったとき、そのときにはもう手おくれだから
わたしたちの心は　夜のなかで　声をそろえて泣くのだ

◇

小さな歌ひとつつくるためにさえ　不幸が要るのだと
ひとつの旋律をあがなうためにも悔恨が要るのだと
ギターの一節《ひとふし》のためにも　すすり泣きが要るのだと
幸せな愛はどこにもない
苦しみのないような愛はどこにもない
ひとを傷つけないような愛はどこにもない
ひとの力を奪いとらないような愛はどこにもない……

　この詩を私に教えてくれた友人、彼女はいつだって私の人生を知的に優しく彩《いろど》ってくれる人なのですが、彼女が言いました。

「幸せな愛はない、つきささる言葉ですが、でも愛がないのではなく、愛はあるってことなんですよね」

「美には傷以外の起源はない」ってジュネの言葉にも通ずるものがあるね、とふたりで話したことをよく覚えています。

　友人を見ていると、美とか愛とかに感じやすい人は、自分の、そして他者の傷にも敏感なのではないかと思います。私の周囲には彼女のような人が多くて、そして彼らは、それでも日々を歩き続け、その彼らの歩き姿、姿勢に私はいつだって勇気づけられています。

131

価値あるものを相手のなかに見る

『僕と世界の方程式』にも心に残るセリフがあります。
愛について、母親が息子に話すシーン。

誰かがあなたを愛しているとき、その人はあなたのなかに何かを見ている。それはその人にとって価値のある何かで、同時にあなたの価値でもあるの。

ほんとうにそうだな、とひとりうなずきました。
誰かを愛するということは、自分が価値あるもの、美しいと思うものを、その相手のなかに見ること。どんな人を好きになり愛したか。愛した相手を見れば自分が何に価値を置き何を美しいと思っているのかがわかるということです。

132

『燃ゆる女の肖像』のしずかな衝撃

「見る」ということで言えば、強烈なのが『燃ゆる女の肖像』。

しずかな、しずかな映画です。静謐《せいひつ》な、という表現がぴったりくるような。ドレスとドレスがふれ合う音、絵筆がキャンバスを走る音、クロッキーの音、波しぶきの、空に躍《おど》ったかけらが岩に落ちる音まで聞こえてくるような。

音楽は数カ所のシーンでしか使われていなくて、その音楽と映像の組み合わせがあまりにもすばらしくて圧倒されます。

たとえば衝撃のラストシーンで流れる楽曲はヴィヴァルディの四季、夏の第三楽章なのですが、あるときはむせかえるような夏草の上での情熱の声、あるときは夏の終わりを惜しむ咆哮《ほうこう》のように聴こえるこの曲を聴くと、いつだってこの映画のラストシーンが思い浮かぶようになりました。

この映画のテーマはいくつかあるのでしょうが、私がつよく感じとったのは「見る」ということ。これがこの映画世界を貫いているように思いました。ふたりの女性は画家とモデル。画家は肖像画を描くとき、対象を見なければ、観察しなければなりません。けれどモデル側もまた、描かれているときに画家を見ている、観察しているのです。

ふたりの女性の視線、まなざし。いつしか私の目が、ふたりの女性それぞれの目に重なり、相手をじっと見ているような錯覚におちいるような、そして人を「愛する」ことと「見る」ことの関係は……、といったことを考えずにはいられなくなるような、そんな力のある作品です。

映画の話はこのくらいにしましょう。

133

過去の傷が役立つなんて

世界的な名著『夜と霧』で有名な精神科医ヴィクトール・フランクルは言っています。

● 人生ではそのシーズンごとにさまざまな課題が与えられる。

この章のはじめに私は書きました。

五十歳になるかならないかのころから、気づけば周囲にずいぶん年下の人たちが多くなったと、還元のシーズンが始まっていると感じたのだと。

男性も女性も、彼らは仕事の相談、恋愛の悩み、さまざまな問題をかかえ、なんらかのものを求めて私のところに来てくれます。

そんなとき、いつもしみじみ思います。いままでのつらく悲しくみじめな経験が、こんなふうに役に立つときがくるだなんて想像もしていなかったなあ、と。

そして私のこんな経験が役立つなら、そういう体験をしてきたからこそ、誰かに与えられるものがあるのだとしたら、私が負ったさまざまな傷も無駄傷ではないのでは、と思えて私のほうが救われます。

苦しい経験なんてしないに越したことはないけれど、それなりの苦しい経験をしてきたからわかること、というのは確かにあるようです。

134

「同じ精神圏」にいる人たち

それにしても、私のところに来てくれる彼らはそれぞれに才能があり、私から見ればそれこそ未来が薔薇《ばら》色に輝いている人たちです。

けれどみな頻繁《ひんぱん》に息苦しくなって、この人はいつも息苦しそうにしているからわかってくれるかも、と私に話をしてくれるのでしょう。

彼らの悩み、そのときどきのテーマは、いつだって他人事《ひとごと》ではありません。過去の自分をそこに見ることもあるけれど、たいてい現在の私のテーマと重なります。年齢差はあっても「生きている」という共通項があるからです。

彼らは私よりだいぶ年下、私より十五も二十も若くて、そして、たぶん、私に好意、あるいは興味をもってくれているのでしょう。これが私のような傲慢《ごうまん》な人間には重要ポイントではあるけれど、彼らからの好意や興味だけで関係は成立するはずもなく、そう、彼らは私に多種多様なものを与えてくれます。そしてどこかミスフィッツ、社会に適応できない種類の人間なのではないか、という感覚をいだいていることが似ているからなのか、居心地がいい。

敬愛する作家、中田耕治《なかだこうじ》の言葉を借用すれば「同じ精神圏」にいる人たちなのかもしれません。彼はこの言葉を偉大な芸術家たちに使っているので、かなり図々しいのですが、でもそんな感覚です。

135

アミティエ・アムルーズ

彼らとの関係は「アミティエ・アムルーズ amitié amoureuse」なのかもしれません。フランス語で、そのままの意味だと「友情恋愛」。フランスの文学者であり政治家でもあるアンドレ・マルローが好んで使っていたようです。私は「かぎりなく恋愛に近い友情」としています。

メイ・サートン、『独り居の日記』からアミティエ・アムルーズについての一節を意訳します。

それは、最初から、情事としてはけっして実現されないとわかったうえでの吸引力であり、さらにお互いが何も言わなくても、ふたりの感情に強い響き合いがある。それは、かなしみ、あるいは放棄、あきらめのような空気のなかにある芳《かぐわ》しい香り。生命感（ライフ・エンハンシング）と表現したい雰囲気だ。こういった関係は魂ととても近いところに存在し、それは友情を、情事をふくまないけれどやさしく、啓示に満ちたものにするだろう。

情事をふくまない、けれど芳しい、なんとも美しい関係性を私はここに見ます。そんな関係の人たちには愛をできるだけ、と思うのですが、それを行動に移すことが、また難しい。

136

愛は行動、の難しさ

オードリー・ヘップバーンは言いました。

愛は行動なの。言葉だけで済んだことなど一度もなかったわ。

新刊のトークイベントなどで、新刊がずらりと並べられたスペースを指差してオードリーのこの言葉を引用すると、優しいみなさんはおそらく脅迫めいていると思いつつも買ってくださいます。いつもありがとうございます。

もちろん冗談まじりに言っているわけですが、ほんとうの気持ちもあって、大好きです、を百回言ってもらうよりも、私がそのときのすべてで書いた本を一冊買ってくださることのほうが嬉しいし、愛を感じます。

もうちょっとましな例をあげましょう。たとえば、ある人に「私はあなたのことがたいせつ」と常日頃言っていたとして、その相手がとても困っているときやひどく淋しい想いをしているとき、ラインのメッセージか何かで「心配よ、だいじょうぶ?」という言葉やスタンプをいくら連打したとしても、たったひとつの行動、「会って抱きしめる」にはかないません。逆のことを想えばよくわかります。

137 無理は互いの不幸

けれど、行動がたいせつなのだとわかってはいても、自分の生活も仕事もあるわけですから、限界はあります。何かしてあげたいとは思ってもそれが難しいときのほうが多いかもしれない。私はたいてい自分のことで精一杯なのです。

だから私は、ちょっとくらいの無理ならする、すごく無理ならしない、と決めています。「私はこんなにたいへんな状況なのにあなたが心配で時間を作ったのよ」なんていうのは自分も実際たいへんだし、相手にしても居心地がいいわけはなく、互いの不幸だと考えるからです。「それが可能だったから私はしたいことをした」なら互いの不幸にはなりません。

138

愛しすぎの罪

すごく無理はしない。これと関連しますが、「愛する」ことに関して、恋愛・友情・家族すべての関係において、私が用心していることがあって、それは「私はあなたを愛している」を露骨に過剰に表現しないことです。

愛しているがゆえに相手にそれを重荷に感じさせてしまったり息苦しくさせてしまったりしたら、それはもはや愛ではない。サガンの小説『厚化粧の女』にもあるように、愛しすぎは愛していないのと同じことだと思うのです。

139

世界的規模での愛の還元

愛の還元、これを恋愛や周囲の人たちだけではなく、もっと広く行う人たちもいます。

たとえば、オードリー・ヘップバーン、ジェーン・バーキン、マドンナ。

オードリーは五十代の終わり、ジェーンは四十代の半ば、マドンナは四十代の終わりに、慈善活動、人道支援を始めています。

マドンナの言葉。


あるとき、もっているものを分け与えることは私の責任だと感じたの。

人は人生のある時点で、そういうことに気づくのだと思う。


人は人生のある時点で、そういうことに気づく。私はいま実感中です。

そしてその規模の大小は問題ではないと思うのです。人道支援でなくてもいい、周囲の身近な人たちにできるかぎりの愛を注ぐことができたなら、それだって難しいのだから、できたなら充分ではないでしょうか。

そういった意識をもつか否かが、まずあるわけですが、意識をもち、それぞれに合った形で愛の還元を行えれば、ある程度は意義ある人生と言えるのではないかと思うのです。

140

自分の幸せを最優先するということ

そろそろこの章も終わりにしましょう。
最後に「愛する人」であるために忘れてはならないことを。
映画人オーソン・ウエルズが女優マレーネ・ディートリッヒに言った言葉。

その人に耳を傾け、何でもその人の望み通りにしたとしても、君は愛する人を幸せにすることはできないよ。自分が幸せでない限りはね。

私が大好きな作家カミュも言っています。『カミュの手帖』から。

私は、不幸におちいった人々をよく助けるには、自分が大いに幸福にならねばならないと信じたい気持ちに駆られる。

自分が幸せでなければならない、というオーソン・ウエルズ、そしてカミュの言葉に私は大きくうなずきます。愛する人であるためには自分が幸せであることがなによりたいせつ、ということです。

141

思いを馳せる価値

「愛する人」というテーマで思いつくままに語ってきましたが、あらためて思います。愛するってほんとうに難しいですね……。

広大無辺で深遠で、でもだからこそ永遠に思いを馳せる価値があるのでしょう。そして愛する人たちの顔を思い浮かべれば、愛の記憶の瞬間瞬間を想えば、こんなに胸ゆさぶられ、ふいうちで落涙なのですから、愛するということには美があり、それを考えるということにもきっと美があるはず、とつなげて「愛する人」の章を終わります。

第四章 変容する人

ある程度の年齢になったら自分のやり方を貫く、という生き方もあるでしょう。周囲の影響を極力排除するというやり方です。

けれど私は違って、さまざまな人たちと関係を築くなかで、自分のなかにある未知の色彩を発見したい、そして変容しながら年齢を重ねたいと思っています。

142

老化を楽しむなんて嘘

変容しながら、という希望はあるものの、私は「歳をとるのが楽しみ」ではありません。カトリーヌ・ドヌーヴ五十歳のときの言葉。

もっとも美しい歳はいま、なんて言わない。歳を重ねることを楽しむと言う女性は、嘘つきだと思う。もしかしたら彼女たちは無意識に自分自身に嘘をついているのかもしれないわね。老化を楽しむなんて私には無理。

ドヌーヴは美しいという賞賛を浴び続けている女優なので、私とはそもそもが異なるけれど、でも、とても好きな言葉だし、共感します。

私も歳をとるのが楽しみではないけれど、年齢を重ねることについてくるあらゆることに対して、変化を恐れないでいたい、とは思っています。

143

意識的な内的革命

変容と変化という言葉について。

これらは同じ意味で使えるときもあるし、そうでないときもあります。この違いについて、ふれておきます。

「変化」は、私の感覚では、時の流れや自分自身をとりまく環境によって生じる外見や考え方。これに対して「変容」はその人自身のなかに「気づき」とか「違和感」が生まれて、そのことによってその人自身が意識的に内的革命を行う、それが一度ではなく、時の流れとともに幾度となく行われるようです。そんなふうに私はとらえています。

本章のテーマは「変容する人」ですが、語るなかでは変化と変容を厳密には分けずに、そのときどきで私がふさわしいと思う言葉を使ってゆきます。

144

はっきりとした劣化

ただ、変化にしても変容にしても、醜く変わることはもちろん避けたい。

私が嫌いな言葉に「劣化」があります。月日の経過とともに品質が劣ってくることを意味する言葉ですが、加齢による容姿の変化について侮蔑の意味で使われることが多いものだから、嫌いな言葉となりました。

嫌いだけれど、もし「劣化」があるとするなら、それは自分に課す美のハードルを「ま、いっか」的に下げたときではないでしょうか。体のメンテナンス、ファッション、カフェやレストランでの店員さんに対する態度、公共の場での振る舞い……、これらが楽なほう楽なほうへ流れ、周囲の目を気にしなくなってゆく。こういったことには怠慢さが関係しているので劣化と言えるのではないかと思います。ここに堕《だ》さないよう、用心しなくちゃ、とかなり強く思っています。

醜《みにく》い変化はおしまい。美しく変容しながら年齢を重ねてゆくことについて考えてゆきましょう。

145

自分のなかの未知の色彩

人はひとりで生きているわけではないので、他者とのかかわりによって生じる摩擦が、本人が思う以上に、その人に大きな影響を及ぼしていることが多い。私はそう考えます。実際、私自身がそうだし、それを望んでもいます。

たとえば一本の映画、一冊の本、一枚の絵、一人の人と出逢ったことによって、自分のなかの未知の色彩を見出すことがとても好きです。
まだまだ私のなかに私の知らない私がいるんだ、という発見にはときめきがあります。

146

人生に貪欲なアナイス

何度も登場しているアナイス・ニンは変容する人でもあります。翻訳者の杉崎和子によるアナイス像。

> おやみない、自己探究、自己開発の努力を、生涯続けてきた女性。孤立した自己ではなく、つねに他者との関係において、流動的に変化しつつ、成長し続けてきた自己である。しかも、その自己探究の足跡を、六十余年にわたって、綿々と『日記』に記録し続けてきたのだ。並たいていの人間ではない。

「孤立した自己ではなく、つねに他者との関係において、流動的に変化しつつ、成長し続けた自己」、これは私が思う「変容」の真髄を、みごとに表現した言葉。私もこうありたいと強く思います。

「孤立した自己」を徹底的にもち続ける人にも、また別の魅力があるけれど、私自身がどのように生きたいか、と考えたとき「他者との関係」が重要事項。だから「流動的に変化しつつ、成長し続けた自己」に惹かれます。

アナイスは、貪欲《どんよく》な人でした。何に貪欲かといえば自身の欲望、興味、愛し愛されること、芸術家にインスピレーションを与えること、作家としてよい作品を書くこと。つまり、人生に対して貪欲だったのです。

彼女は興味のある人のもとへ自ら飛びこんでゆき、彼らを愛しインスピレーションの源《みなもと》となり、そして彼女自身も彼らからさまざまな色彩を引き出されることが悦《よろこ》びという人でした。その興味の対象は男女問わず小説家、詩人、音楽家、精神分析医など、広範囲にわたります。

もちろん出逢いがあれば別れもあるわけですから、悦びと同じくらいの痛みがあったことでしょう。けれども、彼女はすべて覚悟の上で、それらを引き受け、しなやかに変容し続けたのです。

147

ジェーン・バーキンのイメージチェンジ

ジェーン・バーキンも変容する人。彼女がユニークなのは内的な変化に合わせて外見、つまりファッション、メイク、ヘアスタイルなどを変えていったことです。

七十を超えてもなおジェーンが、不滅のスタイル・アイコンとして、また「素敵に年齢を重ねている女性」として、注目され続けていることは一章でもふれました。

現在も多くの人が憧れるジェーンのスタイルは、彼女が変容しながら生きてきた結果としての現時点でのスタイルです。

二十代のジェーンは、恋人であり夫でもある音楽家セルジュ・ゲンズブールによって作られた「可愛くてスキャンダラスでコミカルな女の子」といったイメージを楽しんでいました。ミニスカート、体が透けるシースルーのブラウス、ロングヘア、お人形のようなメイク。けれど年齢を重ねるにつれ、居心地の悪さを感じるようになります。経験も積んで勉強もし、ジェーンの内面は変化していました。

●

私は自分の軽薄な外見と内面から突き上げてくる欲求の不一致に苦しんでいたの。もう若くはなかった。何かが不足していた。

そんなとき、ジェーンは映画監督のジャック・ドワイヨンと出逢い、恋におちます。三十三歳。

彼に「きみは素顔が素敵だ」と言われて、メイクをやめたの。素顔になったら必然的にメンズっぽいものが似合うようになってきたのよ。

トレードマークのロングヘアもばっさりと切りました。それは多くの人が驚いた大胆なイメージチェンジでした。

私はそれまでの自分の魅力を捨てるという危険を冒したの。

大きなリスク覚悟での冒険でしたが、やがて仕事方面においても名監督たちから深みのある役のオファーが来るようになります。ジェーンが望んでいた役柄です。このころのジェーンの言葉で私がとっても好きなのがあります。

私は自分に似始めていたの。

これはおそらく内面と外見の一致を言っています。

148

カトリーヌ・ドヌーヴは革命ではなく進化

ジェーン・バーキンの友人でもあるカトリーヌ・ドヌーヴ、変容という視点で彼女の人生を見たとき、気になる言葉があります。六十歳を過ぎたころの発言です。

若かったときはもう少しやる気がなくて無知で罪の意識もなかったから、いくつかのことは少し良くなったり悪くなったりはしたけれど、基本的に私は変わっていない。私は人生を革命（revolution）ではなく進化（evolution）しながら歩んできたのね。

革命とは、自分という人間が根本的にがらりとかわって、まるで別人のようになるような変化。進化とは自分という人間の根本は変わらないまま、より複雑に豊かになるような変化。

ドヌーヴがここで言おうとしているのはそんな意味でしょう。

たしかにドヌーヴの人生を眺めてみれば、ジェーンのようにそれまでの自分のイメージをがらりと変えるようなことはしていません。多くの男性との恋愛遍歴はあるけれど、相手によってドヌーヴがすごく変化するということは、ごく若いころの恋愛を除いて、ほぼない。

出演映画にしても、ごく初期のころからつねに前作のイメージを打ち破るような役に挑戦してきていて、そのスタイルをずっと続けているのです。

カトリーヌ・ドヌーヴも大好きな女優なので、ジェーンのように変容しながら生きたいと思う一方で、ドヌーヴみたいなのもいいな、と思えてきます。思えてきていいのだと思います。ドヌーヴはつねに本人が言うように進化しているわけですから、それはひとつの美しい生き方であり、だからこそドヌーヴは、ジェーンとそのスタイルは違っても「美しく年齢を重ねている人」として同じくらい注目されているのでしょう。

149　ドヌーヴの年代順発言

年齢を重ねるということに関係したドヌーヴの言葉。

五十歳のときのこの言葉は本章のはじめに紹介しましたが、いま一度。

もっとも美しい歳はいま、なんて言わない。歳を重ねることを楽しむと言う女性は、嘘つきだと思う。もしかしたら彼女たちは無意識に自分自身に嘘をついているのかもしれないわね。老化を楽しむなんて私には無理。

これが六十代になると変わってきます。

歳をとるという、どうしようもないことに対して恐れをいだくこと、それこそが恐ろしいこと。

年齢を重ねる上で問題なのは、外見の変化よりも、物事に対するエネルギーが失われてしまうことだと思う。だから私が恐れているのは、なによりエネルギーを失うこと。

そして七十代を目前にしたころには、次のように言っています。

歳をとるって良い面もあるの。私の場合は以前から気ままにしていたほうだったけれど、時の経過に従って、社会通念にますます拘束されなくなった。自由がほんとうに楽しめるのは、ある程度の年齢になってからだと実感しているわ。

もう歳を重ねることの恐怖はないの。

150

自分が飽きてしまうことが一番怖い

この変化はとても興味深く、ドヌーヴが言うように、この先しだいに歳を重ねることの恐怖がなくなり、自由を楽しめるようになれるのだとしたら、それはどんなにすばらしいことかと思います。

年齢を重ねることについて考える上で響くドヌーヴの言葉はまだたくさんあります。あと少しだけ紹介します。すべて六十代はじめのころの言葉です。

間違いのないように注意深く人生を送っている人もいますが、あなたはどうですか？という問いに対する答え。

間違いのないように、は私にはあてはまらない。ただ、私は退屈だけは拒絶し続けてきたわ。

マンネリズムに陥ること。これはキャリアが長くなればなるほどに大きくなる不安です。それについて。

変化のない路線を進まないために、挑戦すべきことは何か、いつも考えている。ある一定のところに落ち着いてしまわないように、自分をつねに、ちょっとした危険にさらす必要があると思うの。

好奇心について。

私の場合は、最後には好奇心のほうが打ち勝つというかんじ。新しいことを発見したい、何か違った経験をしたいという欲求が、躊躇《ちゅうちょ》を凌駕《りょうが》するの。自分が飽きてしまうことが一番怖い。刺激的なこと、自分が楽しめることがなによりたいせつ。

どの言葉も胸にささります。そんなドヌーヴが年齢を重ねてなお現役で女優を続けているということ。それどころか若い監督たちに大人気で次々と新しい映画が公開されていることが私はとても嬉しくて、だから公開されると必ず観に行ってしまうのです。

050

恐るべきは現在そのままの未来

ドヌーヴの言葉に、老年の人たちがポジティブに描かれている映画『マリー・ゴールドホテルで会いましょう』のラストのセリフが重なります。

本当の失敗とは、やらないでおくこと。喜びは失望を振り払って手に入れる。それが人の常。変わるにはもう年だと思うときもある。失望後のやり直しが怖いときも。朝、目を覚まし、必死に生きる、ただそれだけ。リスクを嫌って冒険を避ける者は、何もせず、何も得ない。未来は現在と違う。わかるのはそれだけ。恐れるべきは現在そのままの未来。だから変化を尊ぶ。

忘れ難いセリフです

152

失われた時を求めて

意識的に変化するということから離れて、変化そのものを恐れることについて考えてみます。

生きていればさまざまなことが変化してゆく。そういった変化を当然のことと頭では理解しながらも、私には過去に対して情念めいた執着をいだく性質があり、変わることを体が震えるほどに恐れたり、変わってしまったものに対してひどく感傷的になってしまうことが多々あります。

作家マルセル・プルーストの『失われた時を求めて』についての一文にふれたのもそんなときでした。数年前のことです。

それは、テーブルに置いたままになっていた、当時大学二年生の娘のレポートでした。ここに置いてあるということは読んでもいい、あるいは私が読むことをちょっと期待しているのだろう、と判断して読んだのですが、読み終えたとき、これはまさに私のために書かれたものではないか、と胸うたれてしばらく、その世界から抜け出すことができませんでした。

レポートのタイトルは「プルーストの『失われた時を求めて／逃げ去る女』を読んで」。歳をとること、好きな人の気持ちが変わってしまうこと、いま熱中しているものへの気持ちが冷めてしまうこと、そういったあらゆる変化を恐れる人に読んでほしい、とありました。

153
忘却は胸を引き裂く希望

「逃げ去る女」には語り手が最愛のアルベルチーヌを死というかたちで喪《うしな》ったときのこと、そしてそこから立ち直るようすが描かれています。

レポートは、語り手がアルベルチーヌを「忘れること」が、語り手の未来のための唯一の希望だと言っているあたりに注目していました。

彼女を「忘れること」は語り手にとって「胸を引き裂く希望」、魅力的なこと。なぜ魅力的かと言えば、語り手はいまだにアルベルチーヌを愛してはいるけれど、反対にほんとうの理由として、語り手の内部で「忘却が進行中」であったから、アルベルチーヌへの思い出が残酷なものではなくなったから、「つまりは変化した」から。

忘却によって語り手はすくわれる。そして忘却もまた「変化」のひとつのかたちなのだとしたら、変化を恐れずに、あるべきものとして後ろめたさを感じることなく受容していい。それは新たな世界への扉、希望である可能性があるのだから。

レポートはそんなかんじで結ばれていました。

154

記憶力と忘却力

人間には記憶という能力もありますが、また忘却という能力も与えられています。忘却がなかったなら、人生は過酷すぎて、生き続けてゆくことは困難でしょう。

そして、忘却も変化、変わることなのだとしたら、それは生きるために必要なことなのです。

レポートを読んだときの私は、自分の心情や環境の変化をひどく嘆いていたときだったので、タイミングもたしかにありました。

それでもやはり思います。胸をうち、忘れがたい感動をもたらすものは、名著のなかにだけあるのではない。日常のなかの友人からのひと言や、メールのなかの一文、そしてテーブルに置かれた大学のレポートのなかにもあるのだと。

155

「もう私の心はそこにはございませんので」

変わるということについて、何かあるたびに思い出す言葉があります。

もう私の心はそこにはございませんので……。

これは作家の幸田文《こうだあや》が、ある雑誌から着物についてのコメントを求められたときの断りの言葉です。

愛読書のひとつ、秦早穂子《はたさほこ》の『おしゃれの平手打ち』から。


もう心はそこにはないという境地は激しくて奥深い。ましてこの女《ひと》は色や布地にも人一倍こだわり、それを通して女の性《さが》をみつけて来たのだからなおさらである。限りある命を予感して、なにが今からいちばん大切かと沈思《ちんし》し、それならばなにをしたいかが明確になり、心に期することあっての発言だったのだろうか？

◇

自問せずにはいられません。

「もう私の心はそこにはございませんので……」と言いたいのに、言ってはならないと勘違いして、自分を偽ってはいないだろうか。もう自分の心はそこにないのに足踏みをしていないだろうか。

もし心がそこにないのだとしたら、そこから出ないといけない。精神が退屈しない世界に目を向けてそちらに歩き出すことはぜんぜん悪いことではないはず。

「もう私の心はそこにはございませんので……」、これを恐縮しながらではなく、しずかにただ事実を伝えるように言える人になりたいと切に思います。

156

ジャクリーン・ケネディの事実

史上最年少のファーストレディ、夫の暗殺、大富豪オナシスとの再婚、世界中からのバッシング、と波乱の人生を歩んだジャクリーン・ケネディは言っています。

絶対に変わらないのは、不変なものは何もないという事実だけ。だから、何にも、誰にも頼ることはできない。頼れるのは自分自身だけ。これがつらい思いをして私が学んだこと。

不変なものなんて何ひとつとしてないのです。

確実に変わるものは何？　と自問したならすぐに「人の気持ち」と私は答えるでしょう。天気だってころころ変わる。流行も移り変わる。そして天気も流行も不変を約束しないのに、人は、友情であっても恋愛であっても、不変を約束します。いつまでも友だちよ、とか、いつまでも愛します、と。そして、確実に変わるのです。それを心変わりと言います。そして心変わりは罪ではない。あたりまえのことです。

私はこれを頭では理解していて、自分の心変わりについては、ほんとうにこれはどうしようもないことなの、と思えるのに、相手が同じように心変わりをしたら、そんなの知らない、どうしてこんな想いをしなければならないの、となってしまう。まるでだめな状態です。

157

それを見分ける英知

そんなとき胸にしみるのがラインホルド・ニーバーの、有名な祈り。人生のシーズンによっては、これが切実な願いとなることもあります。

変えられないものを受け入れる心の静けさを、変えるべきものを変える勇気を、そしてその両者を見分ける英知を与えてください。

この祈りから加島祥造《かじましょうぞう》の詩を想います。

158

加島祥造の「受《う》け いれる」

「受いれる」というタイトルの詩です。一部抜粋します。

受いれる——
それは
変化を許すことだ
自分の変化を許すと
他の人が変わることも許すようになるよ

愛はいずれにしても形を変える
でも、いいじゃないか
その時はそう思ったけれど
いまはこう変わったんだ、と
言えばいいんだ
なんの後ろめたさもなしにね
受いれる心でいれば

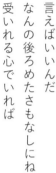

人生のどんな変化にも
応じられるんだ

159

違和感から逃げ出した人

加島祥造、彼のことを私はイエーツの詩の翻訳者として、美しい文章を書く人として知っていました。彼は老荘思想を実践するタオイストでもあります。

もう、いつだったか忘れてしまったけれど、テレビ番組で加島祥造のドキュメンタリーを観たことがあります。

九十歳の彼は信州の伊那谷《いなだに》でひとり暮らしをしていました。

大学教授として英米文学翻訳者として活躍していて、妻と息子二人の家族もあるけれど、それでもずっと違和感があって、苦しくて、その苦しみは体を壊すほどのもので、六十歳のときにすべてから逃げ出します。そしてやがて「最愛の人」に出逢うのですが、その最愛の人を病で喪《うしな》ってしまうのです。

そんな体験をしても彼は生き続けている。しずかに。番組を見ながら涙があふれてしかたありませんでした。家族をはじめ多くの人を傷つけながらも、彼はそのようにしか生きられなかった、そのことが伝わってきたからです。彼は自分自身が生き延びるために、家族や友人を傷つけるしかなかったのです。そしてその先で出逢った「最愛の人」を病で喪って、それでも生き続けている。それだけではない、美しい詩をつくっている。

彼が美しい詩をつくるまでにどんな体験をしたかということに想いを馳《は》せれば、美が要求することの過酷さに体がしぼりあげられるようになります。

160

誰もが他人には不実

加島祥造と似たような境遇にあっても、自分のなかの「違和感」を押し殺して体を壊しても、その境遇から抜け出さないまま人生を送る人もいます。

これも選択です。どちらの道をゆくのかということです。

いまの私は、はっきりとどちらを選ぶとは言えません。そのときにならなければわからないことでしょう。ただこれまでの人生では「違和感」をそのままにすることはありませんでした。いいえ、できなかった、と言ったほうが正確です。だから多くの人を傷つけてきました。

アンドレ・ジッドの言葉があります。

嘘で固めた自分で愛されるよりも、ほんとうの自分で嫌われた方が気持ちがいいではないか。

ロレンスの言葉があります。

人は誰でも他の人には不実なものだ。自分自身の魂に忠実でなければならないから。

これらの言葉が好きで、この言葉を抱きしめながら、周囲の人を傷つけても自分のしたいことを選んできました。加島祥造の姿に胸うたれたのも、そのようにしかできなかった、という自己弁護を重ねたからかもしれません。

そして私は変容しながら生きたいけれど、自分の魂に忠実な姿勢は変わらないままでいたいのです。

161
茨木《いばらぎ》のり子の主調音《しゅちょうおん》

そう、自分の魂に忠実な姿勢は変えたくない。

変わることを恐れないこともたいせつだけれど、一方で「変わらないものの価値」もあるのではないか、と考えたとき、いつも想う詩があります。

一生おなじ歌を　歌い続けるのは　岸田衿子《えりこ》
一生おなじ歌を　歌い続けるのは
だいじなことです　むずかしいことです
あの季節がやってくるたびに
同じ歌しかうたわない　鳥のように
（詩集『あかるい日の歌』）

この詩を知ったのは詩人茨木のり子の『詩のこころを読む』です。岩波ジュニア新書なので、とても若い人たち向けなのでしょう。けれど内容はかなり奥深く、平易な言葉で書かれているのに、いや、だからこそ、心にすうっと入ってきます。大好きな本です。これは茨木のり子が五十三歳のときに出版されています。

そして、正確に言えば私は岸田衿子の詩そのものよりも、この詩に寄せた茨木のり子の文章に心うたれたのでした。

峠《とうげ》。

汗をながしながらのぼってきて、うしろを振りかえると、過ぎこしかたが一望のもとにみえ、これから下ってゆく道もくっきり見える地点。荷物をおろし、つかのま、どんな人も帽子をぬぎ顔などふいて一息いれるところ。年でいうと、四十代、五十代にあたるでしょうか。峠といっても、たった一つというわけではなく、人によっては三つも四つも越えてゆきます。詩を書く人たちも、峠にさしかかる頃に、すぐれた作品を残す場合が多いのは、眺望がよくきくからでしょうか、表現に身をけずってきた長い道のりが、やっと自分のものといえる伝達力と艶を得るためでしょうか。

「一生おなじ歌を　歌い続けるのは」たった四行なのに身に沁《し》みます。

変わらなければ進歩ではないという脅迫観念にかられて、なぜか焦るのが人の世ですが、短い一生に、一人の人間がなしうる仕事は、その主調音は、そう変わるものではないのかもしれません。むしろそれを簡単に手離さないことのほうが、

だいじなことです　むずかしいことです

そんな気がします。

ひとりの人間が短い一生のなかでなしうる仕事の主調音は簡単に手放さないことがたいせつ、と言う茨木のり子に私は共鳴します。

162

見たこともない自分

変わらないものの価値もある、とした上で、繰り返しになりますが、私はいくつになっても本や映画、絵画、人との出逢いによって自分のなかの未知の色彩を見たいと願っています。他者とのかかわりのなかでしなやかに変容する人でありたいという希望をもっています。いま、これを書きながらも私のなかに見たこともない私がいるかも、いるはず、と思うと人生には楽しみがまだまだあるのだと思えて、ちょっと元気になるようなかんじがして、嬉しいのです。

第五章　知性の人

もうどうしようもない肌の衰《おとろ》え、体の不具合、これらは年齢を重ねるにつれ、もれなくついてくるもの。いままではこんなことで痛まなかった腰、あるとき突然言うことをきかなくなった肩などによって、実感することが増えてくるわけですが、当然のことと頭では理解していても、やはり残念。しょんぼりしてしまいます。

けれど一方で、でもだからこそ、と思うこともあります。

163

美貌が衰えたあとの美しさの鍵

体の衰えがどうにもならないというのなら、内容を豊かにしたい、知性を育みたい。外見のあれこれや肉体の機能が輝きを失うのであれば、だったら、いえ、だからこそ、知性によってにじみでる内面の美しさが際立つのではないか。そうであってほしい。きっと、そう。もう信じるしかありません。

カトリーヌ・ドヌーヴは言っています。

◇ 三十五歳をすぎると、いわゆる美貌は衰える。それからは、その人の内面、人間性が美しさの鍵になる。私は尊厳をもって歳をとりたい。

ドヌーヴが言う「内面、人間性」が私が言う知性であり、美貌が衰えたあとの「美しさの鍵」となるものです。

知性は、意識のもちようによっては、なんとかなるのではないか、育《はぐく》むことができるのではないか、という可能性を感じさせます。重力と年月によるダブル攻撃に抗《あらが》えない体とは違って可能性があるところがすくいです。

164

けっして多くはない知性の人

ところで、有名な人でも周囲の人たちでも「知性の人」といったときに思い浮かぶ人はどのくらいいるでしょうか。

私の場合は、けっして多くはないので、「知性の人」に憧れつつも、これ、難度が高いことは明白です。

とはいえ、私が惹《ひ》かれる「知性の人」は、男性でも女性でも「美しい大人」という形容がふさわしい人たち。これは知性が美しい大人に不可欠であることを意味します。難しいけれど考えないといけません。

そもそも知性とは何なのでしょう。

愛用の辞典によれば「知性＝物事の理屈がすぐ理解できる能力」とあります。けれど、「物事の理屈がすぐ理解できる能力のある人」がみんな美しいか、と言えば違うし、私が「知性の人」という言葉を使うときは、もっと別の何かがあります。

別の何か、それはどんなことなのか、私が憧れる「知性の人」について、思いつくまま語りながら考えてみます。

165

サガンの絶対知性

やはり最初はこの人、フランソワーズ・サガン。
サガンの小説を読んだあとは、なぜ抱擁《ほうよう》されたような感覚になるのか、あたたかな心地よさ、これはいったいなんなのだろうと、二十代のころから考えてきていたのですが、そのぼんやりとした疑問を解くキーワードだけは、なんとなく頭のなかにあり、それが「知性」でした。サガンを知る人々がサガンについて語るときによく使う言葉です。
サガンの晩年の作品『愛をさがして』のなかに次のようなやりとりがあります。

「あなたにとって知性とは？」
「一つの問題に対して多くの視点から考えられる能力。視点を変えて学ぶことができる能力」

知性に関するサガンの言葉。

個人的に私がいちばん重要だと思うのは優しさです。本当の知性を試す基準になるのです。

知性というと、どこか鋭利でひんやりとしたイメージがありますが、それは違うようです。もっとやわらかであたたかなもの。

ほんとうの意味での知性の人かどうかはその人の優しさと関係が深い、とサガンは言っているのですから。

166

それを「悲」と言う

いつだったかサガンの本を読んでいて、ああ、この感覚はあれと似ている、と思い出した本があります。

柳田邦男《やなぎだくにお》の『言葉の力、生きる力』。

蓮如《れんにょ》に傾倒した五木寛之《いつきひろゆき》について語っている章があります。五木寛之も私が好きな作家です。


人間の真の知性を育てる土壌としての〈悲〉の心、己の無力さに涙する情、というものを豊かに持つことが私たちの課題だという語りかけに、私も全幅の共感を覚える。

悲。これが語られている一節に私は胸がしめつけられました。

他人の痛みを理解できても、自分の力ではどうしてやることもできないで、ただ涙を流す。そういう感情を〈悲〉と言う。あるいは、がんばれと言っても効かないぎりぎりの立場の人間は、「それ」でしか救われない。「それ」を〈悲〉と言う。

なんという優しさなのでしょう。

柳田邦男の文章が、その優しさがこんなに沁《し》みるのは、彼が〈悲〉を知っているからでしょうか。彼は二十五歳だった息子さんを自死というかたちで喪《うしな》っているのです。「悲」は「優しさ」に通ずるのではないか。だからサガンを読んだときにこの箇所を思い出したのかもしれません。

167

幸せと恥の感覚

サガンに戻ります。サガンの物事に対する考え方に私はかなりの部分共鳴しているので、好きな言葉はたくさんあります。いくつか挙げてみます。

幸せとは、自分のしていることをけっして恥に思わない状態です。

この言葉は、かなり頻繁《ひんぱん》に頭に浮かびます。いま私は幸せかどうか、を考えるときの指針にしているからです。

幸せというのは形ではなく、あくまでも心の状態。何を所有しているか、どんな人たちに囲まれているか、どんな家に住んでいるか、といった目に見えるものではない。周りから「あなたは恵まれている、幸せよ」と言われても、社会的に羨《うらや》まれる環境にいても、自分のしていることで恥じることがあったなら、けっして幸せではないということです。

168

幸せを人まかせにするという危険行為

幸せを考えるとき、気をつけなければいけないことがあって、幸せは、けっして相対的ではなく絶対的であるということ。人と比べた時点で、つまり相対評価を採用した時点で、私がここで語りたい幸せとも知性とも別物になります。

その上で、たとえば、いま自分が幸せではない、と感じていたとして。いまの生活は自分自身に忠実ではないかも、と疑念をいだいているとして。自分のしていることを恥じていると認めたとして。

169

それからどうしましょうか。

やはり、自分が思い描く幸せな状態に近づくために、行動に移すことが肝要なのでしょう。幸せになりたいなあ、と、思いながらいつまでも同じステージの同じ椅子《いす》に座っている人は、幸せは、自分ではなく他者から与えられると誤解しているのだと思います。

そういう人の背はまるまり、周囲への妬《ねた》みで瞳は濁《にご》り、自分を幸せにしてくれない特定の人に対して醜い態度を披露することになります。

人生は一度きり。もちろん幸せのほうがいいに決まっています。だからこそ、そんな大事なこと、「自分の幸せ」を人まかせにしていたら危険です。

夜は眠れますか?

私がサガンにつよく共鳴することのひとつに「個人へのまなざし」があります。サガンは社会的地位や属しているグループで人を見ることがなく、あくまでも「そのひと個人」として相手を見ました。

私は出身地や職業や年代などで人を分類して眺めることが好きではありません。

たとえば、群馬県で育ったからね、軽井沢に移住するような人だからね、作家だからね、長女だからね、バブル期経験してるからね、といった言われ方をすると猛烈《もうれつ》な反発をいだいてしまいます。もちろん、分類されたグループにある程度の傾向というものはあるかもしれないけれど、それはあくまでも傾向にすぎないのだから、私は私を個人として見てもらいたいし、相手に対しても個人として対応したい。これは序章で言った「私たち」という言葉が嫌いであること、「私は私のことしか知らない」とつながるのでしょう。

とにかく、ですからサガンが私と同じように考えていることを知ったときは、ほんとうに嬉しかった。そして相手を知りたいと思ったときサガンがその相手にどんな質問をするのか知ったときは、涙が出るほどに感動したものです。

サガンはこんなふうに問いかけました。

……どんな本を読んでいますか。恋をしていますか。悩んでいることはありますか。どんなことで幸福を感じますか。どんなことで心引き裂かれますか。夜は眠れますか。

すべてその人の内面への問いかけです。

結婚していますか、子どもはいますか、どの学校を卒業しましたか、仕事は……といった質問とはまるで異なるところ、その人の内面を見ようというサガンのまなざしに私は心うたれるのです。

170

ふたりの知性の人

これまでの人生で「知性の人」に出逢う幸運が何回かありました。なかでも中田耕治先生と杉崎和子先生から私は多くを学びました。

おふたりとも私より三十歳以上年上で、長年にわたって私はおふたりのご著書を通して尊敬、憧れをいだいていたわけですから、おふたりと話すときはもちろん緊張感をもちます。けれどそれは喜びに震える緊張感であって、会話がとんでもなく刺激的で楽しいのです。それはなぜなのか、そんな話をしたいと思います。

171

はじめてにして唯一の「師」

中田耕治先生は小説家・批評家・翻訳者として膨大なご著書がある方。マリリン・モンローもアナイス・ニンも先生のご著書から興味をもった、と言えばどれだけ私にとって重要な方なのかおわかりいただけるでしょう。

私は大学や公開講座等、ほかの人から文学を学んだ経験がないので、中田耕治先生は私がはじめて出逢った「師」と呼べる存在。はじめてお会いしてから十年以上になります。機会があれば先生のお話を伺いに出かけているのですが、あるとき、先生がおっしゃった一言に、ああ、私はいまとても重要なものを受け取った、と体の真ん中で確信したことがありました。

先生はおっしゃいました。

● よく見ていると、いろんなことがわかります。

難しくはない簡単な一文。けれど、なんて示唆《しさ》に富んだ、深い言葉なのでしょう。

そのとき、私は自分が「よく見る」ということを忘れていたことに気づき、当時のさまざまな迷い、いろんなことがもうわからなくて嫌、という状態は「よく見る」ことをしていなかったからだと知ったのです。

「よく見る」と見えてくるものが、かならずあります。

家族でも友人でも恋人でも、その人のことをよく見る。よく知っているように思っていても、意外な表情をそこに見出すかもしれない。

考えればこれは当然のことです。人は日々変わる。いつまでも出会ったころのままではない。だから関心をもって「よく見る」ことが、人と人との関係において、きわめてたいせつなのです。

172

「よく見ていると、いろんなことがわかります」

コロナ禍においても、中田先生のこの言葉は私の重要な課題となっています。どんなに悲しいことでもどんなに暗いことでもどんなに醜いことでも、いま私が生きているこの時代を、人間を「よく見る」こと。どんなに見てもわからない、と思うようなことのほうが多いけれども、それでも「よく見る」ことを心がけています。「よく見ていると、いろんなことがわかります」を信じたいのです。

173

知性とうっとりの組み合わせ

中田耕治先生のような人を「知の巨人」というのだ、とその博識は私を慄《おのの》かせるほどのものですが、私は先生とお会いしていて、もちろんさまざまなご指導をいただくことはあるものの、決定的な劣等感をいだいたことがありません。

知性の人は、相手にけっして劣等感をいだかせない。

この私の考えは間違っていなかったと、先生はご自身の存在そのもので教えてくださいました。

先生は私の興味ある分野を尊重し、私の意見をユニークだとおっしゃり、そして読むべき本を教えてくださったり、ご自身の考えを穏やかにお話しくださる。そのようすが「ああ、真の知性の人がここに……」と尊敬の念を超えて私をうっとりとさせます。

何が私をうっとりさせるのか、と考えてみれば、まず、かっこいい。たとえば「発言なさっている内容のおそるべき深さ」と「それをお話しになっているときのさりげなさすぎるようす」とのギャップ。いま私はいいことを言っている、と自分に酔いながら話す人をときおり見かけますが、先生はその真逆。じつにさりげなく、なんでもないことのように重大なことを話されるのです。

また「何を投げてもキャッチする」ところもたまりません。膨大な知識がそれを可能にしていることもありますが、なにより寛容なのです。あらゆる事柄をジャッジすることなく受けとめてくださる。

「知性」と「うっとり」の組み合わせ。先生に出逢うまで私は知りませんでした。

174

三十歳以上年上のかわいい人

アナイス・ニンの紹介のところで何度かお名前を出した、翻訳者の杉崎和子先生も同じです。

知識や経験の量を比べれば圧倒的な差があるというのに、不思議なことに、先生との会話においては、まるで対等に話しているかのような、そんな感覚になります。そして、私はお話を聞いていたいのに、私の意見を聞きたいとおっしゃって、そして私が話したことに対して、すごく興味があるというふうに接してくださるから、なんだか自分が価値のあることを話しているようにも思えてきます。

それは先生の「優しさ」によるものだとしても、あのきらきらとした瞳、おもしろいわねえ、とおっしゃるときの表情は、私への気遣い以上のものがあります。些細《ささい》なことにでも、心からおもしろい、と思える心の動きがある方なのです。失礼な言い方かもしれないけれど、私は三十歳以上年上の先生を、かわいいなあ、と思うことが頻繁《ひんぱん》にあります。

175
上から目線の「説教」

杉崎先生と一緒にいて、私ってだめだな、私って無知だな、私って頭悪いな、といった劣等感をいだいたことは皆無、中田先生と同じ「知性の人」なのです。

気を使って相手をもちあげているのではない。心から相手に興味をいだき、心から自分自身がまだまだ何も知らない人間なのだ、と思っているから、相手が劣等感をいだきようがない。そういうことなのだと思います。

杉崎先生がアナイス・ニンについてお書きになっている「世代が違う我々にも、優しくて、親切で、上から物を言うような態度は、決してみせなかった」、まさにこれです。けれど、これが、難しい。年齢とともに知識や経験は増えるので、自分よりも年下の人たちに対しては、どうしても自分のほうが物事を知っているような気になりがちです。けれど、年下の人を上から目線で見るような精神をもっているという時点で、「説教」なんてしてしまったらもう大変、その瞬間、「知性の人」から高速でかけ離れてゆくことは、中田先生、杉崎先生を見ていれば明らかなことです。

176

学び続けるか否か

私が中田先生、杉崎先生から得たことには「学び続けることの美しさ」もあります。ずいぶん前ですが、二十歳くらい年下の友人に「醜い大人ってどんな大人?」と尋ねたことがあります。彼は言いました。「学ぶことをやめてしまった人」。どきりとしたことをよく覚えています。それから彼と会話して、彼が言いたいことがよくわかりました。

何かの学問や語学を学べというのではないのです。たとえば、未知のものに対する好奇心をもち続けるということ。日々のことで言えば、本を読んでいて知らない言葉に出合ったとき、そのまま素通りするのではなく言葉の意味を調べるとか、心にひっかかりのある事件なり出来事を見聞きしたなら自分なりに調べてみるとか、そういうこと。

いままで興味をもってきたテーマに対して、もうこのくらいでいいや、と終わりにするのではなく、掘り下げ続けることももちろん含まれます。

やはり知識はないよりあったほうが楽しいのでしょう。知識が豊富な憧れの人と話すときの会話がより豊かになるし、年下の人から人生相談めいたものを受けたときなど、知識があったほうが相手の言っていることを広く受けとめたうえで、ちょっとは気のきいた意見が言えるかもしれませんから。

177

知識の人と知性の人

ただし「知識のある人」がそのまま「知性の人」かといえば、かんぜんに違います。

「知性の人」である中田先生と杉崎先生についての話のなかにあるように、おふたりとも博識であるのに、知識をひけらかすなんていうことはまったくないし、繰り返しになりますが、相手に劣等感をいだかせない。

知識はあるのだろうけれど、相手に劣等感をいだかせるような人であったなら、その人は知性の人ではないということです。

実際に会ったことはないけれど「知性の人」で思い浮かぶ人の話を続けましょう。

178

加藤陽子《かとうようこ》という個人の感受性

あれは二〇一四年の秋だったと思います。終戦記念日の日にテレビはどんな番組を流しているのだろうといくつかの番組を録画しておいたのですが、歴史学者の加藤陽子を見つけて、彼女の発言を書きとめました。

集団的自衛権について、一般の人たちの討論会を見たあとで、専門家の人たちが意見を述べるという流れでした。加藤陽子がほかの専門家の人たちと異なっていたのは、自身の意見を言う前に一般の人たちの討論会についての「感想」を述べたことでした。

討論会に参加したみなさんは学識もあり経験もある。同じバックグラウンドをもちながらも意見は変わる。危険性とか安全性に対する感覚というのは、ある意味、非常に情報が限られているなかでは、個人のパーソナルな部分によるところが大きい。だから一度、たとえば6対4で賛成反対で分かれたなら、それ以上、お互いがどんな情報を出し合っても、説得を試みても歩み寄らないのではないでしょうか。

殴り書きのメモを起こしているので、正確ではありませんが、内容はほぼ合っているはずです。

彼女の「感想」は求められてのものではありません。もちろんそのあと、歴史的観点から集団的自衛権についての意見は述べたにしても、討論会を見て気づいたことを語らずにはいられない、という彼女の姿勢に私は心うたれました。

違和感をいだき、それをそのままにせず、これはなんだろうとその対象に向かい合い、感じたことを発言するという行動がとても凛々《りり》しく美しく思えたのです。なんでしょう、私が信じたい「個人の知の力」がそこにあったからでしょうか。

感想の内容にもつよく共鳴しました。同じ情報を共有していても、そこから感じとる危険性とか安全性とかは、そのひと個人の感受性、性格によるところが大きい。だからどんなに意見の違う相手をこちら側に引き寄せようとしても、それは無理なんじゃないか。よほど大きな力が働かないかぎり。

これは、戦争や原発や地球温暖化やコロナ禍すべてに当てはまると思います。

179

その問いの切実さ

加藤陽子の『それでも日本人は「戦争」を選んだ』、次の箇所が胸に響きました。

歴史という学問は、分析をする主体である自分という人間自体が、その対象となる国家や社会のなかで呼吸をしつつ生きていかなければならない、そのような面倒な環境ですすめられます。となりますと、歴史的なものの見方というのは、いきおい、国家や社会のなかに生きる自分という人間が、たとえば、なぜ三一〇万人もの人が犠牲となる戦争を日本は行ってしまったのか、なぜ第一次世界大戦の悲惨さに学ぶことなく戦争は繰り返されたのだろうか、という〈問い〉に深く心を衝き動かされたときに初めて生ずるものなのだと思います。つまり、悩める人間が苦しんで発する〈問い〉の切実さによって導かれてくるものなのだと私には思えるのです。

◇

なぜ歴史を研究するのか、そのはじまりにあるものは、加藤陽子個人の苦しみ、知りたい、という切実な想いがあるということ、そのなまなましい息づかい、熱。歴史という学問に加藤陽子というひとりの人間が「生きている」のです。

180
命がけで書く美術史家

美術史家、若桑《わかくわ》みどりの姿勢にも似た香りがあります。
『薔薇のイコノロジー』の「あとがき」から。

いまでも、私がいっていることはあいかわらずある種の人にとっては危険きわまりないことなのです。ある友人は、そういう学説は発表しないほうが無難だ、と忠告したくらいです。ときには、ひとは命がけで描いたり、書いたりしてきたのです。それはいまでも同じことです。でも、たとえ危険があったとしても、真実は追求しなければなりません。いちばん恐ろしいのは自分のいっていることが真実ではないということだけです。

そしてラスト。

たとえそこに描かれた思想や信仰が今は滅びてしまい、意味を失ってしまっているとしても、絵は残ります。絵の生命は死ぬことはなく、古びることもなく、それを人が見て美しいと思うかぎりつねに現在です。それこそが芸術のほんとうの力なのです。

画家が伝えようとしたことを理解するためには、画家がそのイメージにこめた意味や思想を理解することが必要、というところに立ちつつ、芸術のもつ「美」、人間が創ったものへの愛おしさ、畏怖……そういうものが行間からにじみ出ていて私の胸をうちます。そして「真実」のために命がけで自分の学説を発表する、という姿勢。

分野は違っても加藤陽子と同じ、芸術という学問に若桑みどりというひとりの人間が「生きている」のです。

181

『ハンナ・アーレント』の八分間

哲学者のハンナ・アーレント。

彼女が描かれた映画『ハンナ・アーレント』は私にとって特別な映画です。公開当時、大好きな映画監督マルガレーテ・フォン・トロッタが撮ったということもあり、大きな期待を胸に映画館へ出かけたのですが、映画館を出るときには、激しい感動でじっさいに体が震え、涙がとまらない状態でした。

ハンナ・アーレントはユダヤ人であるため強制収容所の経験をもちます。アメリカに渡って一九六三年にナチスの戦犯アイヒマン裁判についての記事を発表し、激しい論争を巻き起こします。映画はこの時期に焦点が当てられています。

映画のラスト、八分間のアーレントのスピーチは圧巻でした。「知性の人」の美を眼前にぐいと差し出されたかのようでした。
知性が勇気と合致したとき、人間はここまでの真実にたどりつける、というその物語が私には美しくて、自分が欲しいもの、たいせつにしたいものをずばりと提示されたようで、激しい感動に体が震えたのです。

182

個人の知の力

八分間のスピーチ、とくに私の胸に響いた部分を抜粋《ばっすい》意訳します。

世界最大の悪は、平凡な人間が行う悪なのです。そんな人には動機もなく、信念も邪心も悪魔的な意図もない。人間であることを拒絶した者なのです。そしてこの現象を、私は〈悪の凡庸《ぼんよう》さ〉と名づけました。

悪の凡庸さ。
これはアーレントがナチ戦犯のアイヒマンの裁判を傍聴し、それから考えに考え、導き出した彼女の真実です。
ユダヤ人として迫害されたアーレントは、強制収容所にユダヤ人を送る役割のアイヒマンを悪人として糾弾《きゅうだん》して当然の立場でありながら、アイヒマンのようすに「なにか違う、おかしい」と思う。「この人、悪人というより、上からの命令をそのまま実行に移しているだけの役人なのでは？」と思う。そして独自の考えを展開してゆくのですが、この「なにか違う、おかしい」と気づき、それを追及してゆく姿が、加藤陽子の討論会に対する感想のシーンと重なります。「個人の知の力」がここにもあります。

183

思考の嵐

八分間のスピーチからさらに抜粋意訳します。

ソクラテスやプラトン以来私たちは〈思考〉をこう考えました。自分自身との静かな対話だと。〈思考の嵐〉がもたらすのは、知識ではありません。善悪を区別する能力であり、美醜《びしゅう》を見分ける力です。私が望むのは、考えることで人間が強くなることです。

暗記したいくらいに、真実を語りかけてくる言葉です。善悪、美醜を見分けるまなざしを私はもちたい。「考える」ことで強くなりたい。涙がにじむくらいに思いました。すばらしい映画、すばらしいシーンです。

184

徒党《ととう》を組まない思考への意志

須賀敦子《すがあつこ》は私が敬愛する作家のひとりですが、彼女がアン・モロウ・リンドバーグについて書いているエッセイのなかに、こんな一節があります。『遠い朝の本たち』から。

何冊かの本を通して、アンは、女が、感情の面だけによりかかるのではなく、女らしい知性の世界を開拓することができることを、しかも重かったり大きすぎたりする言葉を使わないで書けることを私に教えてくれた。徒党を組まない思考への意志が、どのページにもひたひたとみなぎっている。

徒党を組まない思考への意志。「個人の知の力」がここにもあります。

185

相手に劣等感をいだかせない人

思いつくままに私が憧れる「知性の人」を紹介してきました。私はどんな人を知性の人だと思うのか、私が憧れる知性の人とはどんな人なのか。具体的に姿をあらわしたようです。ものごとをさまざまな視点で見る人。優しさのある人。自己探求を続ける人。相手に劣等感をいだかせない人。寛容な人。人をよく見る人。命がけで学問や研究に取り組む人。考え続ける人。学び続ける人。徒党を組まない思考への意志をもつ人。

やはり美しいです。私が美しいと思う人がたくさんいるようなイメージです。

186

その人は知性の人か

現在、コロナ禍において、さまざまな媒体でさまざまな分野の専門家たちが意見を述べています。どの人の意見を自分のなかに取り入れようかと考えるとき、私はその人が知性の人かどうか「よく見る」ことをしています。

どんなに権威のある肩書きをもっていても、どんなにたくさんの本を出していても、その人のようす、表情、話し方、文章、言葉の使い方、話の聞き方などを「よく見る」と、その人が知性の人かどうかわかって、私なりの判断が可能になります。

どんな専門的知識をもっていたとしても相手をけなす人、見下す人、劣等感をいだかせる人、SNSの世界特有とはいえ汚い言葉を使う人は、知性の人からかけはなれていて、やはり美しくはありません。

いかがでしょう。具体的な事柄、あるいは、誰かの顔が思い浮かびませんか？


なんて、人のことはいくらでも言えるけれど、いま私はどんな精神活動をしているか、どんな仕事をしているか、身近な人たちに対してどんなふうに接しているか、自分を「よく見る」と知性皆無《かいむ》人間になっているときが多く、情けなくてたまらなくなって膝《ひざ》をかかえて遠くを見つめたくなります。けれど、それでも、少しでも気分がましなときくらいは、憧れる「知性の人」に思いを馳《は》せて、彼らに近づくよう心がけたいと思うのです。

第六章

シワにキスされる人

夢物語だとしても、希望をもつのは自由。これは私の呼吸を楽にする信条のひとつです。

その上で、たとえば目尻のシワに「これもあなたの人生の軌跡。愛しい」とくちびるを寄せられるような、そして自分自身もそのシワを愛しく思えるような、そのときどきの自分にイエスと言えるような、そんな人生を歩めたらなあ、と憧れています。

187

こっそり愛《め》でた目尻のシワ

ところで、私は自分が若いとされている年代、男性でも女性でもずっと年上の人を好む傾向がありました。

とくに好きなのが目尻のシワで、彼らの目尻にくっきりと、あるいはかすかに刻まれたシワをこっそりと見つめ、こっそりと愛でていたものです。この人の人生の軌跡《きせき》がここにあるのね、と。

なので、自分の目尻にくっきりとしたものがあらわれるようになると、今度はそれを、以前私がしていたように誰かが愛でてくれたらどんなに喜ばしいことだろうと思ってしまうのです。

ただ、私が愛しいと思った目尻のシワのもち主はみな、それぞれに魅力的な人でした。

ここが難しいところ。

魅力がなければシワも愛でてもらえない。そして私が以前に思っていたように、シワに人生の軌跡があらわれるような、そういうシワでなければいけないわけですから、たやすくありません。

たやすくないけれど、諦めるのも嫌なので考えてみます。

188

「若づくり」は「ひもじい」

哲学者の鷲田清一《わしだきよかず》による興味深い本『てつがくを着て、まちを歩こう』に素敵な一節があります。

彼は「若づくり」が嫌いで、これほど「ひもじいものはない」と嘆き、次のように続けます。

人生の彩《いろどり》だけではなく綾《あや》も知りはじめた成人女性には、すぐにもその顔に綾をつくりだしてほしいものだ。

続けて。

そのひとが過ごしてきた時間、そのひとがひとりで送ってきた時間を深く浸透させている顔が、それがいちばんきれいだ。そのひとの過去のすべて、そのひとの存在のすべて、それを愛し、いつくしまないで、なにが愛だろうか。

だいすき、と抱きつきたいくらいに思います。けれど、すぐに「ああ、だけど」が続いてしまうのです。

189

毎晩の涙ぐましい努力

考え方には思いっきり共感するけれど、現在の自分自身のこととなると「このシワ、素敵でしょう？　私の人生の綾が出ているのよ、どう？」とは、どうしてもなれません。

たとえば、私は夜な夜なせっせと美容液や保湿クリームを肌に塗りこんでいます。手術や、注射といった高額な施術を定期的に受けない限り、何を塗りこんだって年月の経過によるシワがあっさり勝利するとわかってはいても、それをするのはなぜなのでしょう。

何もしないよりはいいのだろう、という浅はかな考えがまずありますが、それに加えて、何もしないでいるのはなんだかさぼっているようで居心地が悪いのです。

なので、できるかぎりのケアを、悪あがきだとしてもすることについては、それで自分が落ち着くならいいんじゃない？　ということにしています。

希望としては、このような涙ぐましい努力、できるかぎりのケアに対するねぎらいがあると、とても嬉しいし、涙ぐましい努力にもかかわらず、くっきりとあらわれるシワを愛でてもらえたなら、感涙なのです。

190

どんなシワだったらいいのか

とはいえ、いったいどんなシワだったらくちびるを寄せたくなるのでしょう。愛しくなるのでしょう。

そんなことを考え始めるとたいへんで、街を歩いていてもカフェに入っても映画を観ても、シワのある年齢の人ばかりに目がいってしまいます。女性でも男性でもそうです。けれど、見知らぬ人のシワにくちびるを寄せるのは無理そう。なぜなら、私はその人の人生を知らないからです。

ただ、なんとなく、雰囲気として、この人にはシワにキスしたい人がいそうだな、とか、この人にはいないだろうなあ、といったことは、ひとり勝手に感じて楽しめます。

漫然と生きてきたような人、うっかり歳をとってしまったような人は、服装にしても、身の振る舞いや、しぐさにしても、やはりどうにもならないものが外にあらわれてしまっているように思います。そういう人のシワには、やはり魅力を感じません。

本章は、私が年齢を重ねてから胸をうたれたエピソード、そこから考えたことを中心に語ります。シワにキスされる人になりたいって希望をもつのは自由でしょ、と開き直って、「いかに生き抜くか」という切実なテーマを意識しながらすすめます。

191
七十五歳のオノ・ヨーコ

『ジョンとヨーコの祈り〜イマジン・ピース・タワー〜』というタイトルの番組を観たことがあります。番組のオノ・ヨーコは七十五歳。

オノ・ヨーコについては私が二十代のはじめのころ、彼女の自伝『ただの私《あたし》』を読んで、それが面白かったので熱烈なファンというわけではないものの、ゆるゆると彼女の動きを追ってはいました。

ゆるゆるとだったからオノ・ヨーコを見たのは久しぶりで、そして久々に見たオノ・ヨーコはすごかった。

なにがすごいって、まったく老いを感じさせないのです。もちろん肉体の老化はあります。けれど精神の老化を、私は彼女にまったく感じませんでした。生のエナジーが彼女自身から元気いっぱいに放出されているようなイメージ。

番組は、アイスランドに建設された「イマジン・ピース・タワー」完成までを追っていて、オノ・ヨーコはその意義について語ったのち、こう言いました。

まだまだやりたいことがたくさんある、あと五十年は欲しい。

七十五歳になった自分を想像して、あと五十年は欲しい、と言えるかと考えると、オノ・ヨーコってやっぱりすごいな、となります。

192

自分が愛《いと》おしい、と彼女は言う

番組終盤、「自分が好きというのではなく、もちろん嫌いじゃないんだけど、好きっていうのとは違って……」と前置きした上で彼女は言いました。

これだけの苦難を超えて、年齢を重ねてきた自分が愛しい。

インタビュアーの人の姿は映っていなかったけれど、きっと若かったのでしょう、「あなたくらいの年齢ではまだわからないと思うけど」とつけ足していました。

彼女が言う「これだけの苦難」、有名なことなら多くの人が知っているでしょう。ジョン・レノンと結婚し、「ビートルズを解散させた女」として世界中から非難されたこと、ジョン・レノンが隣で撃たれて亡くなったこと。

オノ・ヨーコは私が知る範囲では、過激なアーティストであり強い信念をもった平和活動家です。

おそらく彼女は自分がしたいこと、すべきことにまっすぐ突き進むという生き方をしてきて、そのことで傷つく人もいて、自らも傷つきながら、それでも彼女は自分の信じる道を歩き続けてきたのでしょう。

そんな彼女が「自分が愛しい」と言う。その言い方がとても優しくて、オノ・ヨーコの自分自身に対する優しさに私は胸うたれ、顔に刻まれたシワを美しい、と思います。

193

人間の真価

オノ・ヨーコの姿、彼女が確実に形にしてきたもの、確実になしてきたことを思って、そして七十五になっても、まだまだやりたいことがある、と瞳を輝かせる姿に、自分が情けなくて嘆息。

けれど、オノ・ヨーコと比べて嘆き悲しんでもどうしようもないので、好きな言葉を自分に言い聞かせます。

イギリスの詩人ブラウニングの言葉です。


人間の真価は、その人が死んだとき何をなしたかではなく、その人が生きていたとき何をなそうとしたかにある。

そうよ、たいしたことをしていない人生だとしても「自分はいま、何をなそうとしているのか」と、いったん立ち止まって考えて、そこから歩き出せばいい。そう心で繰り返して自分を慰めているわけですが、じっさいのところ、そうするよりほかはないのでしょう。

194

人間の限界なんて

ああ、あの人のシワも美しかった、と想う人がいます。『サイン・シャネル カール・ラガーフェルドのアトリエ』というドキュメンタリーに登場した女性です。

このドキュメンタリーは、ひとつのコレクション発表までの裏側を取材したもので、それぞれの部門のスタッフの悲喜こもごも、どたばたが描かれているのですが、その人はひときわ強い印象を私に残しました。

ガロン職人のマダム・プージュー。当時七十五歳、生前のココ・シャネルを知るひとりです。

ガロンとは縁飾りのことで、ガロンをマダム・プージューにオーダーするのはシャネル社の伝統。年代物の織り機を前に、緻密《ちみつ》な手作業に集中する彼女の背中は曲がり、関節症も患《わずら》っているけれど、美しいガロンを作れるのは彼女だけなのでやるしかない。

シャネル社が研修生を送りこんだこともあるけれど、その技術を身につけられた人はいなくて、だから彼女が死んだら、彼女のようなガロンを作る人はいなくなる。そして自分の技術を誰かに引き継ぎたいという想いは彼女にはない。自分が死んだあと、それは何年後かわからないけれど、新しい方法で美しいガロンを作る人が出てくるだろうね、「不可欠な人間なんていないのよ」なんて、胸にささることをさらりと言って笑います。

コレクション直前、彼女を取材している男性とのやりとり。


「徹夜してるのですか？　どのくらい？」

「シャネル社からオーダーが来てからずっと」

「ということは十五日間も？」

「徹夜とはいっても一日二時間は寝てるよ」

「疲れませんか？」

「疲れないね」

「その秘訣は？」

「人間の限界なんて自分の思いこみしだいよ」


私は彼女のこの言葉に胸をうたれました。

人間の限界なんて自分の思いこみしだい。

きっと世界中に、有名ではなくても、こんなにも自分の仕事に尊厳をもち、美しく生きている人がいるのだろうと思うと、悲観的にものごとを捉えがちな私のような人間でも希望の光を見ることができます。

195

「生き延びた」シャーロット・ランプリング

イギリスの名女優シャーロット・ランプリングは二〇二一年現在七十五歳。美容整形とは無縁の彼女の顔はほんとうに美しい。私は許されるなら彼女のシワにキスしたいです。大好きな女優です。

二十八歳のときに出演した『愛の嵐』での上半身ヌードにサスペンダー、ナチ帽という衝撃的なスタイルがあまりにも有名ですが、五十歳を超えてからのランプリングには、なにか怖いほどの魅力があります。その魅力が存分にあらわれている映画に『まぼろし』や『スイミング・プール』があります。どちらもフランソワ・オゾン監督。

このところのメディアでの注目度を見ると、私だけではなく多くの人がいよいよランプリングへの憧れを募らせているようです。

そのランプリングが、四十代の鬱病を告白したのは七十一歳のとき。

暗い、暗い病。どうやって生き延びるか、もがくの。……そこから抜け出すか、否か。私は抜け出したけれど、時間がかかったわ。私の四十代はその病との戦いだった。ほぼそれだけで過ぎてしまったというかんじ。

この人にもそんな時代があったのか。さまざまな想いが胸に去来します。

196

人生の暗黒シーズン

幸せと同じように、苦しみも比較はできないしするものでもないと思います。その人自身がどう感じるかでしかないのだと。

その前提の上で、私はランプリングの四十代と自分の四十代を重ねて、ランプリングに言いたくなってしまうのです。私もなんとか生き延びました、と。三章、愛と憎しみのところで語った、精神がかなり弱っていた時期のことです。いまでこそ「暗黒シーズン」なんて言えるようにもなりましたが、娘の存在がなかったなら、どうなっていたか。私をよく知る人は娘のことを「命のストッパー」と呼んでいるくらいです。

とにかく「暗黒シーズン」は私の人生最大の危機で、私はその経験から、それまではなんだかんだ言いながら陽のあたる道を歩いていたのが一転、陰の道を歩く人になった、いわゆる「人生の敗者」になったのだ、と思いました。敗者。人生に勝者も敗者もない、と思うのですが、多くの人が好んで使う表現です。

197 人間はそんなに弱くない

徹底的に堕《お》ちるところまで堕ちたな、と絶望のどん底、暗黒シーズンを過ごすことで、私はかなり変わったようです。

三章で語った「憎しみ」という感情もそうだし、人間は弱い、そしてどこまでも醜くなれる、ということを身をもって知りました。

そして、どん底からしだいに這い上がるなかで「人間はそんなに弱くない」ということもまた、知ったのです。

198 人間はそんなに強くない

同時に「人間はそんなに強くない」、これも私のなかの真実です。

両方とも真実であるけれど、私のなかで矛盾はしません。いつも「人間はそんなに弱くない」と「人間はそんなに強くない」の間をたゆたっているような、そんなかんじです。

199
不幸は品位を落とした状態

サガンは言っています。


不幸からは人間は何も学びません、不幸は人に大打撃を与えるだけです。人を瀬戸際に立たせるだけです。私自身が不幸なとき、いつもそのことを恥に思っていました。

不幸であることは、品位を落とした状態なのです。

……試練が人を養うという考えは、まったくの嘘。幸せなときのほうが学ぶことがずっと多いのです

同感です。

不幸であることは品位を落とした状態。たしかに暗黒シーズンの私はそうでした。けれど、自分は幸福だ、と言いきれている人たちに品があるかといえば、そうでもない。

サガンに共鳴しながらも、そしてあのころを振り返って、あんな経験はしないに越したことはないと思いながらも、してしまったのだからどうしようもないよね、経験を活かして生きてゆくしかないわね、そんなふうにいまは思っています。

200

シスター渡辺和子《わたなべかずこ》の傷

渡辺和子の『目には見えないけれど大切なもの』にこんな一節があります。

傷つきたいなどとは夢にも思わない。でも私は、傷つきやすい自分を大切にして生きている。何をいわれても、されても傷つかない自分になったら、もう人間としておしまいのような気がしているからだ。大切なのは、傷つかないことではなくて、傷ついた自分をいかに癒し、その傷から何を学ぶかではないだろうか。

渡辺和子が七十三歳のときに出版された本です。いろんなところからまとめられた本のようですから、七十歳前後の文章なのでしょう。

彼女はシスターであり、マザー・テレサと親交のあった人であり、ノートルダム清心学園理事長でもあり、多くの人たちから尊敬されている人。

そんな彼女も五十歳のときに、シャーロット・ランプリングもそして私も苦しんだ鬱病を患っていて、そこから立ち直り、数々の仕事を成しとげたのだということを知ると、この一節がさらに沁《し》みます。

201

知命と呼ばれる年齢

渡辺和子が鬱病を患った五十歳は「知命《ちめい》」と呼ばれる年齢です。孔子の「五十にして天命を知る」からきています。

私は五十歳になったとき「知名」という言葉の意味とはほど遠いところにいながらも、私なりに、半世紀生き延びたという、そのことに感慨をいだきました。そして私の好きな人たちの五十歳、あるいは五十歳前後について調べてみました。彼らは「知命」前後、何を考え何をなそうとしていたのか、知りたかったのです。

202

自分の感受性くらい

第四章で紹介した詩人の茨木のり子。

彼女は五十歳のとき、詩集『自分の感受性くらい』を出版しています。本のタイトルにもなっている詩は私の大好きな詩のひとつ。最終連はよく知られているようです。

◇

自分の感受性くらい
自分で守れ
ばかものよ

ときおり、ひとりで鏡に向かって「自分の感受性くらい自分で守ればかものよ」とつぶやいています。こんなことをつぶやかないではいられない状態だからそうしているわけで、だから、鏡に映った顔は、もう、ひどいなんてものではありません。

精神が弱りきっているときにはきついかもしれませんね。けれど、立ち直りつつあるとき、私はよくこの詩を想います。

この詩がおさめられた詩集を出版した二年前、茨木のり子は夫を病気でなくしています。仲の良い夫婦だったから喪失感は大きく、けれどその一年後、四十九歳のときに、のちに彼女自身の重要なテーマとなるハングルを学び始めています。

愛する夫が亡くなった翌年に、まったく新しいことに挑戦しているということ、主要作品のほとんどは「知命」後の三十年間で生み出されているという事実に、私は希望を見ます。

203

茨木のり子の疲れ

話はすこし脇道へゆきますが、茨木のり子を知る人たちの茨木のり子像は一致しています。宝塚の男役のような容姿だったこと。凛《りん》としていて、自分に厳しい人だったこと。『自分の感受性くらい』や『倚《よ》りかからず』といった詩集を読めばわかります。彼女には自分自身を見つめ、自分自身の価値判断に拠《よ》って立つという、きりりとした美しさがあります。

茨木のり子は「いい詩にはひとの心を解き放ってくれる力があります」と言っているけれど、ほんとうにその通りで、彼女の詩や文章にふれると、言葉の力、言葉の美しさを全身に浴びたようになって、それから心が解き放たれるような感覚になります。

また、これは私の感じ方にすぎないのですが、彼女の作品には性的なにおいがほとんどありません。そんななか、詩集『歳月』だけは違って、これは茨木のり子が遺言で、自分の死後に発表してほしいと言っていた作品集。夫とのことがテーマだから恥ずかしいし、これだけはだれにも批判されたくないから、という理由で死後の発表となりました。

この詩集には、たとえば「獣《けもの》めく」のようにむせかえるような性愛の情景が描かれているものもあって、私は『歳月』でますます茨木のり子が好きになりました。

さらに晩年の茨木のり子は鬱的な時間も多く過ごしていたことを知り、一瞬にして身近に感じました。

◆

朝起きてね、今日もまた一日、人間をしないといけないと思うと疲れを覚えるのよ。

私もです、と抱きつきたくなります。

204

神谷美恵子《かみやみえこ》の四十五歳

精神科医で作家の神谷美恵子。

『生きがいについて』が有名でしょうか。私は『神谷美恵子日記』が好きです。これは二十五歳から亡くなる六十五歳までの日記を神谷美恵子の夫が編纂《へんさん》したものですから、日記のほんの一部なのでしょうが、そして、私が読めない部分にこそ、重大な言葉があるのだろうと想像しながらも、それでも共鳴するところが多くて驚くほどです。

彼女は二人の息子を育てながら学問を続け、文筆への熱を失わずに生きた人。

子どもが小さいときの日記には、子どもを育てるということと自分の創作活動との間でもがいているようすが綴《つづ》られていて、才能や人間の器《うつわ》の違いはあるものの、悩みは私と同じだわ、と彼女を近くに感じます。

そんな神谷美恵子、四十五歳のときの日記から。


お使いの途中、いちょうのまばゆいばかりの王者のごとき姿を仰いであの樹一本をゴッホの様に描き出せたら、もうそれで死んでもいいのだな、と思った。生きているイミというのは要するに一人の人間の精神が感じとるものの中にのみあるのではないか。ああ、私の心はこの長い年月に感じとったもので一杯で苦しいばかりだ。それを学問と芸術の形ですっかり注ぎ出してしまうまでは、死ぬわけにも行かない。ほんとの仕事はすべてこれからだというふるい立つ気持ちでじっとしていられない様だ。

このときの神谷美恵子、いちょうの樹を見上げて、ふるい立つ気持ちでじっとしていられない姿を思い浮かべると、愛《いと》しくてたまらなくなります。

また、生きている意味というのは、その人の精神が感じとるもののなかにのみあるのではないか。

そんな視線も大好きです。

四十五歳で「ほんとの仕事はすべてこれからだ」と日記に書いた彼女に私は優しく背を押されます。

205

五十二歳の『海からの贈物』

第五章でも紹介しているアン・モロウ・リンドバーグの『海からの贈物』、これは彼女が四十九歳のときの作品です。

愛読書のひとつですから、もう何度も読んでいる本なのに、月日が経つと胸に響く箇所も変わるようです。五十二歳の夏のある日、数年ぶりに手にとったときの話です。

何箇所にもラインが引かれている本の最後の章を読んで驚きました。心に響くところがたくさんあるのにラインがまったく引かれていなかったからです。

人と人との関係を「踊り」にたとえて述べている箇所だったから「踊る」ということに興味がなかった時期は素通りしていたのでしょう。私が五十歳でアルゼンチンタンゴに出合ったことについては第三章、憎しみと愛のところで語りましたが、タンゴが人生に加わったことで胸うたれる箇所が増えたということです。
人生そのものについて語っている、とても胸に響いた部分を、アンの文章を要約しつつ紹介します。

206 いつも現在のステップを

人と人との関係は踊りと同じ様式のもので、これを支配している規則も同じである。相手の手を固く握ったり、強引にしがみついたり、重く寄りかかったりすれば、自由がなくなり、絶えず発展して限りなく変化していく美しさが壊されることになる。

ペアダンスであるタンゴでたいせつなのは、自分は自分で支えること、互いにしっかりと自分の脚で立つことです。そんなふたりの間で力の調和が保たれているときに、相手の足を踏んだりすることなく不思議と自由に動くことができます。これはタンゴに限ったことではありません。人間関係において、とてもたいせつなことがあります。

美しく踊るためには、音楽と一体化すること。そして、前のステップを長引かせたり、次のステップを急いだりせずに、いつも現在のステップを踏んでいなければならない。

いつも現在のステップを踏んでいなければならない。胸に響いて痛いくらいの言葉です。

人間的な関係の保証は、過去に郷愁を覚えて振り返ってみたり、未来に恐怖を感じたり、期待をかけたりすることにはなくて、それは、現在に生き、現在の状態をそのまま受け入れることにしかない。

私は、これらの箇所を何度も読み返して、考えました。

私はアンのように毅然《きぜん》としてはいられなくて、過去をわざわざ取り出して眺めて、めそめそしてみたり、未来への不安、恐怖でパニック状態になったり、そんなことをしょっちゅうやっています。アンの境地にはなかなかたどり着けそうにありません。アンが『海からの贈物』を著《あらわ》した年齢を超えてもぜんぜんだめです。

けれども、とにかく現在をたいせつに、現在を慈《いつく》しみ、現在に生きる。いま、このときをいちばんたいせつに生きるということ。次のことを考えて現在を疎《おろそ》かにしないこと。

問題はね、いまある状況を受け入れ、そこで私は何をしたいか、何をするのかなのよ、と自分に語りかけて、そうね、その通りね、いいこと言うじゃない、とうなずいて……、そんなことを私はしょっちゅうやっています。

207

リルケの無限の距離

人と人との関係をアンは踊りにたとえましたが、リルケにも考えさせられる言葉があります。

もっとも親しい人たちのあいだでさえ無限の距離が存在する、という真実を受け入れられれば、それといっしょに素晴らしいものが育つだろう。もし、おたがいの姿が空を背景にくっきり浮かびあがる、その距離を愛することに成功しさえすれば。

この言葉、人間関係に想いを馳せたときよく思い出すのですが、無限の距離を受け入れるだけではなく、愛さなければならないのかと思うと、ふうっと気が遠くなりそうです。

208

グザヴィエ・ドランの「恋愛映画」

リルケの「無限の距離」を深く考えさせられたことがありました。

私の公式サイトで映画の連載をしてくれている友人がいます。私は勝手に親友と呼べる人だと思っています。彼は同性愛者で、私は彼と親しくなればなるほど、彼を理解したいのに、どうしても根本のところで理解できないもどかしさを感じているのですが、彼とグザヴィエ・ドラン監督の映画を観に行ったときのこと。

ドランは若き天才監督でゲイであることを公言しています。彼の作品には私の居場所があるようで、とても好きです。『わたしはロランス』を観たときには、自分に忠実に生きることの難しさと、それでもそれを貫こうという人間のひたむきさが色彩ゆたかに描かれていて、ひとりの部屋で号泣してしまいました。

親友と一緒に観たのは『マティアス&マキシム』です。

これはふたりの幼なじみの男性の名前。このふたりがある日の、ちょっとしたアクシデント、たった一回のキスで、互いに相手に欲望をいだき、ストレートだったはずの自分のなかに芽生えた感情に戸惑う。そして、この感情が友情を壊してしまうのではないかと恐れる。

これは「恋愛映画」として宣伝されていて、ドラン監督も「ふつうのラブストーリー」であると言っていて、インターネットでも「ふつうのラブストーリーよね」といった意見が多く見られました。そしてそれらの意見に対して親友は「ストレートの人たちが、ほんとにこれってふつうのラブストーリーよねって言う、それに自分はひっかかるものを感じる」と言ったのです。

209

偏見はない、という人たち

彼が言ったことは私にもわかりました。私はいまのところストレートの人たちのひとりだからです。

マイノリティーである同性愛者に対して、私は偏見なんてもっていないのよ、そうよ、だからこれって、ほんとふつうのラブストーリーよね、と言ってしまう人の気持ちが、私にはわかるのです。

わかるけれども、私自身も含めて、いやらしさを感じる。なぜならそこには、私って偏見のない人なのよ、そのへんの人たちと違う理解ある人間なのよ、という主張があるように思うからです。

210

社会に公言できない関係

私が好きな芸術家には同性愛者が多いし、人を愛するということの喜び苦しみは、相手が誰であろうと普遍的であると、私は心底思っています。

けれど、ずっとずっと長い間、異端とされてきた同性愛者と、ずっとずっと長い間、正統とされてきた異性愛者とでは、やはり決定的に違うことがある、ということをこの映画であらためて強く感じました。

幼なじみの男ふたり。彼らが、あるとき互いに恋愛感情をいだいていることに気づいてからその後。幼なじみの男と女。彼らが、あるとき互いに恋愛感情をいだいていることに気づいてからその後。まったく違います。同性愛者の場合は、どうしてもそこに大きな壁が立ちはだかるでしょう。互いに自分はストレートだと思っている場合は特に。

誰かを好きになって、相手も自分を好きだと知ったとき、それを何の障害もなく喜べる恋愛というのは、社会に公言できる恋愛です。異性愛の場合であっても、好きになった相手が既婚者であれば、それが障害となり公言することは難しい。

そのように考えて、自分の経験をかき集めて同性愛者の人たちの心情に寄り添いたいと願うのに、たいせつな友人を理解したくてたまらないのに、それはどうがんばっても想像でしかなく、はがゆくて悔しくて、人を理解するということの難しさを知るのです。

211

自分のことを理解する覚悟

この映画についてドラン監督は次のように言っています。一部、抜粋意訳します。

この映画のテーマは同性愛ではなく、愛なんだ。その瞬間が突然やってきたとき、どう反応すべきかということ。僕たちは枠にはめられがちだ。ストレートかゲイかバイセクシャルか。自分はリベラルな人間だと思っていても、じつは固定観念に縛《しば》られている場合がある。セクシャリティは一度どれかを選んだら変えられないってね。そして変えようと思ったなら、そこには相当のリスクが伴う。僕はみんなに問いかけたい。本当に自分のことを理解しているのか。アイデンティティを追求する覚悟はあるのか、と。

ドランの言葉を私なりに置き換えて、自問します。
自分から目をそらさずに、真実、徹底的に、自分のことを理解する覚悟を、もっていますか？

見知らぬ感情、見知らぬ欲望に突然襲われるということ。それは誰にも起こりうることであり、私にだって、これから起こる可能性はあるわけです。そのとき、リスクを恐れて目をそらしてごまかすか。それとも自分の内面を見つめ、徹底的に自分のことを理解する覚悟をもつか、そういうことなのでしょう。

212

他人の痛みを思い知れ、という言葉

そんなことをブログに書いたのですが、それを読んだ親友からメッセージが届きました。私が書いた内容から親友が思い出したという文章がそこにありました。

◇

他人の痛みを思い知れ、などという言葉を平気で口にできる人は、他人の痛みを想像する想像力が欠如していると思います。大切なのは、他人の痛みを痛むことはできない、ということに痛みを感じるかどうかなのではないでしょうか。

柳美里の『沈黙より軽い言葉を発するなかれ』の一節。私はひどく共鳴し、それから考えました。さまざまな人がいます。ざっくりですけれど、たとえば。

他人の痛みを思い知れ、という言葉を口にできる人。

他人の痛みを痛むことはできない、と知っているけど、ただ知っているだけの人。

他人の痛みを痛むことはできない、ということに痛みを感じる人。

私は思うのです。「口にできる人」にはそのときの気分で抗議し、「知っているだけの人」との接触はひたすらに避け、「痛みを感じる人」の近くで生きたいと。

213

無限の距離を前提とした関係

リルケの言った「無限の距離」、これはどんなに親しい人たちの間でも存在するということです。どんなに親しくても、その人自身にはなれない。その人の痛みを自分の痛みとしては、完全には感じとれない。

年齢を重ねたなら、やはり「無限の距離」を前提とした上で人間関係を構築してゆきたい、それが私の願いでもあります。

そして「無限の距離」があるという事実を引き受けることは、人生の永遠のテーマでもある「孤独」とつながるようにも思います。そう、孤独を引き受けることと、とても近いところにあるのではないでしょうか。

214

サガンの孤独

「孤独」と言えばフランソワーズ・サガン。サガンの生涯のテーマは孤独と愛でした。サガンは言います。

人間はひとり孤独に生まれてきて、ひとり孤独に死ぬのです。だからその間はなるべく孤独にならないように努めるのです。

215

忘れていた傷が疼《うず》くとき

映画『追憶《ついおく》と、踊りながら』にも孤独について印象深いセリフがありました。ラストシーン、施設で暮らす初老の女性が最愛の息子の死を知り、そのかなしみのなかのセリフです。人生のなかで、いつも幸福でなくても満足することを学んだのだと、孤独には慣れるものだと、淡々と語り、そして次のように続けます。

忘れていた傷が突然疼くようで怖くなる。それが孤独。それでもこう言うでしょ。今日と違う明日は来る。私は人生を続けてゆく。

コミュニケーションについて考えさせられ、人間の生命力というものを、そっと、ではなく、しずかに強く差し出して見せてくれる美しい映画です。

216

ひとりで泣きながら目覚める朝

作家メイ・サートンの『独り居の日記』は胸に響く言葉がたくさんあって、もう幾度となく読み返しています。そのなかの一節を。

今朝は泣きながら目を覚ました。六十近くにもなって、人は自分を大きく変えることができるだろうか？

はじめて読んだのは四十歳くらいのときですが、衝撃的でした。みずみずしい感受性と強さをあわせもった作家が、泣きながら目を覚ましているという状況を想像して、六十近くにもなって泣きながら目を覚ますなんて淋しすぎる、でも好きな作家がそうなっているのだから自分にも起こりうる、年齢を重ねれば重ねるほど、それはつらくなってゆくのではないだろうか、と恐れ慄《おのの》いたのです。

あれから十年以上が経ったいまでは、余裕で起こりうるな、と残念な確信のなかにいますが、人は孤独、わかってはいても、どうにもならない淋しさは年齢を重ねるほどに、私の場合は強まっています。

217

ほかの人たちもひとり

孤独を考えたとき、自分の孤独に焦点をあてがちですが、ちょっと考えてみれば明白なことがあります。

ほかの人たちも孤独なのです。

親しい人たち、恋人、結婚相手、親、子ども、友人、みな孤独なのです。

218

アローンだけどロンリーじゃない

そう。言うまでもなく人は誰でも孤独です。人間であるということは孤独であることと同義。サガンが言うように生まれるときもひとり、死ぬときもひとり。

第四章で「受《うけ》いれる」の詩とともに紹介した加島祥造は、人里離れたところでのひとり暮らしについてこう言いました。

alone だけど lonely じゃない。

aloneは物理的にひとりである状態、lonelyは感情がそこに加わります。ひとりで淋しいときはlonelyです。

アローンだけどロンリーじゃない。そんなふうに思えるのは、私の場合、精神の状態がよくて知的欲求にあふれ執筆が進んでいるときくらいなので、悲しいことにとっても少ないということになります。

たいていは、アローンじゃないけどロンリー、あるいはロンリーであることがロンリーな状態です。

219

カミュの夜

私が私自身とともに過ごせているときは、私ったら孤独だわ、と涙することなくいられます。それではどんなとき孤独に涙するかといえば、私自身を見失い、私とともに過ごせないとき。そんなときはもうどうしたらいいのかわからなくなって、いままでこんなときどうしていたんだっけ、と途方に暮れて、それから、ぐちゃぐちゃになります。

淋しくて淋しくて孤独におしつぶされそう、とはまさにこのこと。

私の場合、どうにもならない絶望は朝にやってきますが、このおそるべき孤独は夜にやってきます。だからいまでも夜、眠る前の時間がかなり苦手です。

けれど、これもまた私だけのことではありません。たとえばサガンが敬愛していた作家カミュ、私も大好きなカミュの言葉。

◆ 人生のうちには、自分を見失ってしまう夜がなんと多いことか!

サガンも夜ひとりで眠ることを怖れていたし、カミュもこんなことを言っている。慰められます。

そして、こんな私をも引き受けるしかないな、と思うのです。私の引き受け手は私しかいないのですから。

220

秘密の傷

序章でも紹介したジャン・ジュネの「美には傷以外の起源はない」という言葉、あらためてこの言葉の周辺を見つめてみると、ここにも孤独がありました。『アルベルト・ジャコメッティのアトリエ』から。意訳します。

美には傷以外の起源はない。誰もが自分のなかにたいせつにかかえている傷、その人だけの傷、隠れた、あるいは目に見える傷、その人が世界を離れたくなったとき、短く、けれど深い孤独にふけるため、そっと身をひそめるあの傷以外には。

傷についてのジュネの言葉をもう少し要約意訳します。

ジャコメッティの彫刻はよく「悲観主義」と言われるけれど、そうではない。なぜなら、彼の芸術は「どんな人にも、どんな物にさえあるこの秘密の傷を発見しようとしている」のだから。「その傷が、それらの人や物を、光り輝かせるように」。

これを読んだとき、ずうずうしくも私は、ああ、私とおんなじ、と思ったものでした。私にとって、ある人に興味をもち、その人の人生を知りたいと思うことは、その人がもつ、秘密の傷を知りたいということだからです。エディット・ピアフにしてもマリリン・モンローにしてもみな、その人について書くかどうか、その鍵は、その人の秘密の傷を、私なりに見出せるかどうか、そこにあると言っていい。

私が思う秘密の傷というのは、本人でさえ自覚していないような、傷口からだらだらと血が流れているのに気づかないでいるような、だからときおり致命的になってしまうような、そういう傷のこと。その人の本質、「美」と言いきってもいいほどのものです。

けれど、私なりに見出せたとしても、もちろん完全ではありません。身近な、親しい人たちについても同じこと。先に述べた「無限の距離」です。人は人を完全に知ることはできない。完全に理解することはできない。

けれど、たいせつなのは、知りたい、と願うこと。それは愛のひとつだと思うのです。

221

フジコ・ヘミングと全盛期

年齢を重ねるということ。人生の軌跡といったことに思いをめぐらせたときうかぶ単語のひとつに「全盛期」があります。「あの人の全盛期は……」「全盛期は終わった」「全盛期はすごかった」、そんなふうに使う人が多いようです。

ピアニストのフジコ・ヘミングの話をしましょう。

私が彼女を知ったのは二十年以上前、ＮＨＫのドキュメンタリー番組『フジコ〜あるピアニストの軌跡』。強烈でした。映画や小説にしたら、それはやりすぎでしょ、と言われるような人生を彼女は歩んでいました。

天才少女として注目され、ピアニストとしての道を順調に歩み、ヨーロッパに渡って音楽活動を行い、その才能を認められるけれど、重要なリサイタル直前に風邪をこじらせたことが原因で聴力を失い、ほとんど忘れられた存在となってしまう。

番組は日本に帰国してピアノ教師をしながら細々と生活をしているフジコを取材していました。煙草を吸いながら、自宅でピアノを気ままに、けれど愛情たっぷりに弾くその姿は、とてつもなく魅力的でした。

この番組が大反響、フジコ・ヘミングは演奏家として返り咲きます。私も彼女のファンとなり、リサイタルにも何度か行きました。

一九三二年生まれ。ということは、あの番組放映当時は六十七歳。二〇二一年現在八十九歳、演奏活動を続けています。

222

「ぶっこわれたカンパネラでいいじゃない」

リストの「ラ・カンパネラ」、超絶技巧を必要とするこの難曲をフジコは得意とします。ドキュメンタリー番組で私がもっとも心惹かれたのは、この曲について彼女が言ったことです。

いつも同じようには弾けるわけないし、そのつもりもない。機械じゃないんだからさ。ぶっこわれたカンパネラでいいじゃない。

◇

この言葉に、いままで何度すくわれてきたことか。本を出版する直前はとくに。とんでもなくくだらない作品を出版しようとしているのだとしたらどうしよう。悪口レビューをたくさん書かれたらどうしよう。頭のなかはぐるぐるネガティブ大行進です。

そんなとき、フジコの言葉を思うのです。

ぶっこわれたカンパネラでいいじゃない。こわれていたってなんだって、それがそのときの私のカンパネラなんだから。

良い悪いはわかりませんが、こう想うことでなんども出版直前の嫌な時期を凌《しの》いできました。

223

全盛期って何？

話を戻します。もうずいぶん前のことですが、クラシック音楽に造詣《ぞうけい》が深い知人にフジコの話をしたことがありました。彼は言いました。

「彼女の全盛期は、たしかにすばらしかった、いまはやっぱり指がね」

知人はずいぶん年上だったから、彼女が聴力を失う前のことを言っていたのか、いまでは会うこともないのでわからないけれど、私はそのとき強烈な反発をいだきました。

全盛期？　全盛期とはいったい何をもって言うのでしょう。

たしかに、そのテクニックだけをみれば、知人が言う通りなのかもしれない。けれど私は若いころのフジコのピアノを聴いていないから比較はできないけれど、いま現在のカンパネラが、ピアノがとても好きなのです。

人生の辛苦《しんく》の川の流れのなかで、ときに流れに身をまかせ、ときに絶望して沈みかけ、ときに流れにあらがって懸命に手足を動かし、ときにあきらめて、それでも生き続け、唯一無二、ほかの人には不可能な音色を奏でている、そういう彼女の音楽世界が私は好きなのです。

勝敗や数字の世界で判断できる分野についてては、全盛期はあるのかもしれません。けれど、何かを表現しようとしている人としてその人を見たとき、全盛期という言葉をもち出すのは何か違うような気がするし、見る側の価値観、視点が問われることだと思います。

何に美を見るか、ということです。

フジコのテクニックがすばらしかった若いころの演奏に美を見るか、それとも八十歳を超えた彼女の演奏に美を見るか。

私は、ですから「全盛期」という言葉を安易に使いたくはありません。

224

現在の私が最高、って嘘

そして自分自身のことを考えます。若いころのほうが魅力的だった、以前の作品のほうがよかった、と誰かに言われていたとしたら。

その人の視点、感想として受けとめることができる精神状態であれば、それほど反応はしないでしょう。悪い精神状態のときは間違いなくどっぷり落ちこみます。とくに作品に対する批判には弱すぎるので。

それはそれとして。

重要なのは、私自身が「若いころのほうが魅力的だった、以前の作品のほうがよかった」と思うか思わないかということ。

二十代、三十代に戻りたいと思ったことはないし、ましてや暗黒シーズンの四十代なんて論外。一方で「現在の私が最高です」と言うのも、どうも嘘っぽくて嫌。

全盛期への考え方と同じ、どこから見るかということなので「いまの私が私史上最高！」と無邪気に言うことはできないということです。好奇心ということでいえば、あのころ。恋愛のときめきでいえば、あのころ。仕事が量的にたくさんできていたのは、あのころ。肌の張りでいえばあのころ。そういう見方なら抵抗はないのですが。

225

年齢を公表するか秘密にするか

年齢を公表している人と秘密にしている人、どちらが多いのでしょう。

年齢を公表していますか？　それとも年齢不詳、ミステリアスですか？

私はもの書きの仕事を始めたときから年齢を公表してきました。何歳のときに書いたかということが私にとって重要だったからです。たとえば二十歳の人が書いた恋愛論と七十歳の人が書いたそれとでは受けとめ方が違います。私が作品と同じくらい作家その人にも関心をもつからかもしれません。

けれど実年齢主義というわけでもありません。

みなひとしく一年という時を過ごしても、そこで何を見、何を感じ、何を想像し、何を考えるのか、違いがありすぎて、それが積み重なることを思えば、年齢を重ねるほどに実年齢とその人の内容の差が顕著《けんちょ》になります。

年齢を重ねれば、多くのことを知り多様な思考ができるなんていうのは嘘で、それだけ年齢を重ねてきてそれですか、という人に出くわすこともあって、そのたびに自省。

一方で、私よりもずっと下の年齢の人に驚かされることもあります。それだけの年数で、なんて多くのことを知り多様な視線をもっているのだろう、と。

私は、これからも年齢を意識して生きてゆくのでしょう。意識はするけれど、それによる制約は設けないでゆきたい。年齢そのものから、肉体は限界があるにしても精神的には自由でありたいと思います。

自由、これもこのところよく考えます。

226

望む自由と望まない自由

カトリーヌ・ドヌーヴの言葉。

人は齢をとるにつれて多くのことを学ぶ。自由にしても自分が過去にもっていた自由、いまある自由、自分が望まない自由、いろいろあると思うの。とくに自分が望まない自由というのは、とても重要なものだと思う。というのは、本当の自由というのは、望む自由と望まない自由の狭間《はざま》にあるものだと思うから。

「望まない自由」でいますぐにイメージするのは、まったくのひとりという状態。恋人や夫がいることでなんらかの制約が課せられない状態。

たしかに自由なのでしょうけれど、これは私が望む自由ではありません。だったら自由なんていらないから誰かの温もりがほしいと願う夜を幾夜も過ごして、ドヌーヴの言う「本当の自由」とは何かと考えます。

227

自尊心の問題

そんなことを考えたとき、自尊心という言葉が浮かびます。

「本当の自由」とは、他者とのかかわりを排除することなく、その摩擦《まさつ》や制約を引き受け、そのなかで自分自身の本質、自尊心を失わないでいることではないか、と考えるからです。

自尊心と似た言葉に、自信やプライド、自己肯定感などがあります。悪い意味ではうぬぼれもあります。私が自尊心という言葉に託すものは、自分のなかの決定的な核です。これを失ったら自分を許せない、生きられないくらいのものです。この場合他者からの評価は影響しません。

自分の評価より他者からの評価に価値を置くなら、それは自尊心ではなく、虚栄心でしょう。

228

『人間の値打ち』のキーワード

『人間の値打ち』という映画があります。人間という生き物の欲望、とくに金銭的な欲望を、これでもかというくらいに見せつけられ、経済格差について考えさせられ、そして人間の価値とは何か、という根本的な問いから逃れられなくなる映画です。

私にとってのこの映画のキーワードは「ヒューマン・キャピタル（人的資本）」、これは経済学の概念のようです。映画ではいちばん最後に出てくる言葉で保険用語として使われていました。

たとえば、私が誰かの車の下敷きになってぺちゃんこになって死んだとして、賠償金はいくらなのか。それは私の「人的資本」を計算して決められる。私の収入、これから得られたであろう収入予想額、養わなければならない人の数、そういうもので決定される。なので、何の財産もなくフリーのもの書きである私の賠償金はきっと五百円くらい。

誰をどのくらい愛したとか、「生きる」ということについてどのくらい考えたとか、そういう精神活動は計算から除外されるわけです。

となれば、私が言う自尊心は、人的資本なるものからは無関係なところに存在します。誰かによって決められるものではなく、ましてやお金に置き換えられるものでは当然ありません。

229

自尊心、落としたり拾ったり

私が思う自尊心とは、ひそやかにしずかに、けれどたしかに自分の中心に存在するもの。私には価値がある、と信じられる心。社会的価値ではなく、自分自身が感じるところの価値によって、私には価値がある、と信じられること。自分の判断で、それは美しいもの、たいせつにすべきもの、そう思えるもの。そんなイメージです。

私はそんな自尊心だけはいつだってあります。と言いたいところですが言えません。ぽとん、と落としてしまって私は無価値だとひとり泣くときもあり、その頻度はけっして少なくはなく、それでもわずかに気持ちが立ち直ってくると、落としてしまった自尊心を拾い上げてみたりする。そんなことを繰り返して生きてきたし、これからもそんなことを繰り返しながら生きてゆくのでしょう。

230

『愛のあしあと』のカタルシス

それでもいいいんじゃない？　と肯定してくれる映画があります。

『愛のあしあと』。もう、大好きな映画です。カトリーヌ・ドヌーヴと娘のキアラ・マストロヤンニが共演しているのもたまりません。

ひとりの女性の一生が描かれていて、観たあとはいつも涙がじんわりにじみます。泣くのではなく、あたたかな安堵《あんど》で涙がじんわり、なのです。

明るく楽しくハッピーエンド、という映画ではありません。過酷な人生の真実が描かれていて、なのに重苦しくはなく、どこかあっけらかんともしている、そしてユーモアがあり、笑いもあり、カタルシスがある。

すぐれた芸術作品にはカタルシス、浄化作用があると私は考えます。それがたしかにある映画のひとつです。

231

「笑い」の浄化作用

カタルシスのことを言いました。カタルシスはすぐれた芸術作品によってもたらされますが、もっと身近で日常的な「笑い」によってももたらされる。これは、このところ実感していることのひとつです。笑いには免疫力を高める効果もあるようだし、カタルシスもある。だからこそ美しく年齢を重ねている女性たちはみな、笑いをたいせつにしているのでしょう。

ジェーン・バーキンの言葉。

笑うと十歳若返るの、ほんとうよ。だから笑いをばかにしてはいけない。

オードリー・ヘップバーンも言っています。

この世で一番すてきなことは笑うことだって本気で思います。

渡辺和子は『目には見えないけれど大切なもの』のなかで言っています。

心に一点の曇りもない日など、一生のうちに数えるほどしかないのだ。心の中が何となくモヤモヤしている日の何と多いことだろう。〝にもかかわらず〟笑顔で生きる強さと優しさを持ちたいと思う。私の不機嫌は、立派な〝環境破壊〟なのだと心に銘《めい》じて生きねばなるまい。

どきりとします。笑顔で生きる強さと優しさ、不機嫌は環境破壊。私のためにあるような言葉です。

232

明日は別の日

それでも笑えなかった一日を過ごした夜には「Tomorrow is another day」を想うようにしています。

『風と共に去りぬ』のヒロイン、スカーレット・オハラのセリフです。ラストシーン、親友も最愛の男性も何もかも失い、まさに絶望のどん底に落ちたヒロインの最後のセリフには人間の底力があります。

直訳は「明日は別の日」。明日は明日の風が吹く、人生はなんとかなるもの、先のことを思い煩《わずら》うことはない、ということでしょう。

私と同じように夜が苦手なジェーン・バーキンが、うまくいかなかった日の夜はこの言葉を言い聞かせてなんとか夜を乗り越えるようにしている、ということを知ったときから、私の夜にも取り入れることにしました。

233

サマセット・モームの『人間の絆』

サマセット・モームの『人間の絆』には胸に響く言葉がたくさんあって、私は大好きなのですが、そのなかのひとつに「人生はペルシャ絨毯《じゅうたん》」があります。

あるとき、悩める主人公が尊敬する詩人に問います。

「人生になんの意味があるのか？」

「その答えは、ペルシャ絨毯に秘められている」と詩人は言います。

それはいったいどんな意味なのかと、主人公は再度問いますが、詩人は自分で見つけなさい、としか言わず、答えを言わないまま何年後かに亡くなってしまいます。

時が経ち、主人公は同年代の友人があっけなく病死するという出来事に直面します。そして「いったい、人生とは何なんだ、なんの意味があるんだ……」と考えこみ、突然、詩人の言葉を思い出して「答え」を見つけるのです。

答えは明瞭だ。人生に意味はない――それが答えだったのだ。（略）絨毯の織匠《しょくしょう》が精巧な模様を織りあげてゆく際に意図するのは、単に自らの審美眼《しんびがん》を満足させるだけであるのと同じように、人もまたみずからの人生を生きればよいのだ。仮に自分の人生は自分以外の何かによって決められてしまうと考えざるをえないというのであれば、その人生を一つの模様として眺めたらいいのだ。（略）
幸福は苦悩と同じく、大した問題ではない。幸福も苦悩も、生涯の他の事柄と同じく、ひとりの人間の人生模様を彩《いろど》るのに役立つのみだ。

234

人生はペルシャ絨毯

そう、人生はペルシャ絨毯。失敗も苦悩も悲しみも絶望も、小さな幸せや安心や充足感と同じ、すべて模様の一部。そう考えると、すこし気が楽になりませんか？

いまの段階でどんな模様なのかな、自分の生が終わるときはどんな模様になっているのかな、という興味さえ浮かんできて私はどこか楽になります。いまでもとてもつらいときには、ペルシャ絨毯を想うようにしています。四十代のあの暗黒シーズンも、私という人生のペルシャ絨毯の模様のひとつということなのですから。

235

自分を見失わないために

暗黒シーズンは、ほんとうにもうどうしようもない状態のなかにいましたが、それでもこれだけは、と歯をぎりぎりと食いしばりながらも、放棄しなかったことがあります。当時小学生から中学生になった娘を育てることと書き続けること。ほかはどうでもいいことにしました。

舞踏家のピナ・バウシュのラスト・メッセージがそんな私の支えになりました。彼女のドキュメンタリー映画『踊り続けるいのち』から。

踊りなさい。踊りなさい。自分を見失わないために。

短く平易だけれど、なんて深い言葉なのでしょう。
舞踏家の彼女の場合は踊り。私は自分を見失わないために何をし続けるか、ということ。それが娘のことと書き続けることだったのです。

236

すみやかに許し、くちづけはゆっくりと

暗黒シーズンを抜け出しつつあるころに出合ったマーク・トウェインの言葉は、ひどく沁《し》みました。

人生は短い。ルールに縛《しば》られるな。
すみやかに人を許し、くちづけはゆっくりと。
心から人を愛し、おもいっきり笑え。
そして人生で微笑をもたらしてくれた事柄については、
どんなものであれ、けっして後悔するな。

ひとつひとつがふかい意味を含みます。

とくに「すみやかに許し、くちづけはゆっくりと」が好き。ああ、私も怒りや憎しみに時間を費やすことなく甘やかなことにゆっくりと時間を使いたい、と涙がにじむほどに思ったものです。いまでもたいせつにしている言葉です。

237

「忙しすぎて心が迷子になっていない？」

『ターシャ・テューダー 静かな水の物語』は、アメリカを代表する絵本作家ターシャ・テューダーのドキュメンタリー映画。彼女の田舎でのひとり暮らし、花と動物に囲まれた豊かでしずかな暮らしが描かれています。

愛情をかけて育てた庭の美しさ、料理にしても何にしてもすべてに時間をかける生活はほんとうに豊かで、そして彼女は「思うとおりに生きてきた」と語ります。七十年もの間、現役で活躍。離婚したのち、四人の子どもを育て上げたことにも尊敬の念が募《つの》ります。

映画のラストシーン。

ターシャが穏やかな死を迎えたことが語られ、生前の彼女の姿が遠くから映し出され、彼女のやわらかな声が流れます。

忙しすぎて心が迷子になっていない？　豊かな人生を送りたいと思ったら、心が求めるものを心に聞くしかないわね。私は時々腰をおろして、ゆっくり味わうの。花や夕焼けや雲、自然のアリアを。
人生は短いのよ。楽しまなくちゃ。

年齢を重ねれば重ねるほどに、残りの「人生は短い」という感覚は強まります。「楽しまなくちゃ」。沁《し》みすぎて、ふいうちで落涙です。

238

余生

みな、誰だって、死とともに「生」を生きています。毎日毎日、刹那《せつな》が余生。生まれた瞬間から等しくそうなのです。
とはいえ、そんなことを忘れている時間のほうが多く、そして忘れていられる時間がなければ生きることは困難なのですが、それでもときおりふっとそんなことを想ったときには、どれだけ余生を充実させるか、なんてことをあれこれ考える。するといまこのとき、この瞬間」がなんて貴重なんだろう、という感覚が、体の真ん中からぐわんと熱く広がって「生」を実感する。そんな感覚を私はこよなく愛しています。

239

人生の第二幕の舞台に立つ

シワにキスされる人になりたい、いかに生き抜くか、といったことをテーマに語ってきました。

話があちらこちらに飛びましたが、いま現在、私が考えていることの片鱗《へんりん》くらいは語れたかな、ならいいのだけど、と願いつつ、この章も終わりにしようかと思います。

最後にアン・モロウ・リンドバーグの『海からの贈物』のなかの一節を意訳で。

◇

人々は四十代を迎えるころからあらわれる、焦燥《しょうそう》、疑惑、絶望などを「衰退《すいたい》の徴候」ととらえがちだけれど、違う。これらは青春期の「成長の徴候」と似ている。つまり、人生の新しい成長の段階、第二幕が始まったことを意味する。人はそこでそれまでの年齢では不可能だったことをすべきなのだ。

人生はひとつの舞台。これは多くの先人が言っていることですが、人生を舞台ととらえるなら、大人の時代とは人生の第二幕を意味するのでしょう。

どんな脚本が与えられるのか、どんな演出家と出会うのか。それとも脚本も演出も自らの手で行うのか。誰と共演するのか、衣装は、そしてテーマは……。

そんなふうに考えると、自分のなかの希望欲望の輪郭《りんかく》がくっきりとしてくるようで、ひとすじの光がすうっと差してくるようで、私はちょっと明るめの気分になれるのですが、いかがでしょうか。

人生の第二幕。

「これからどんなふうに年齢を重ねていこう」と考えている人に、いつだって差し出したい、美しい言葉です。

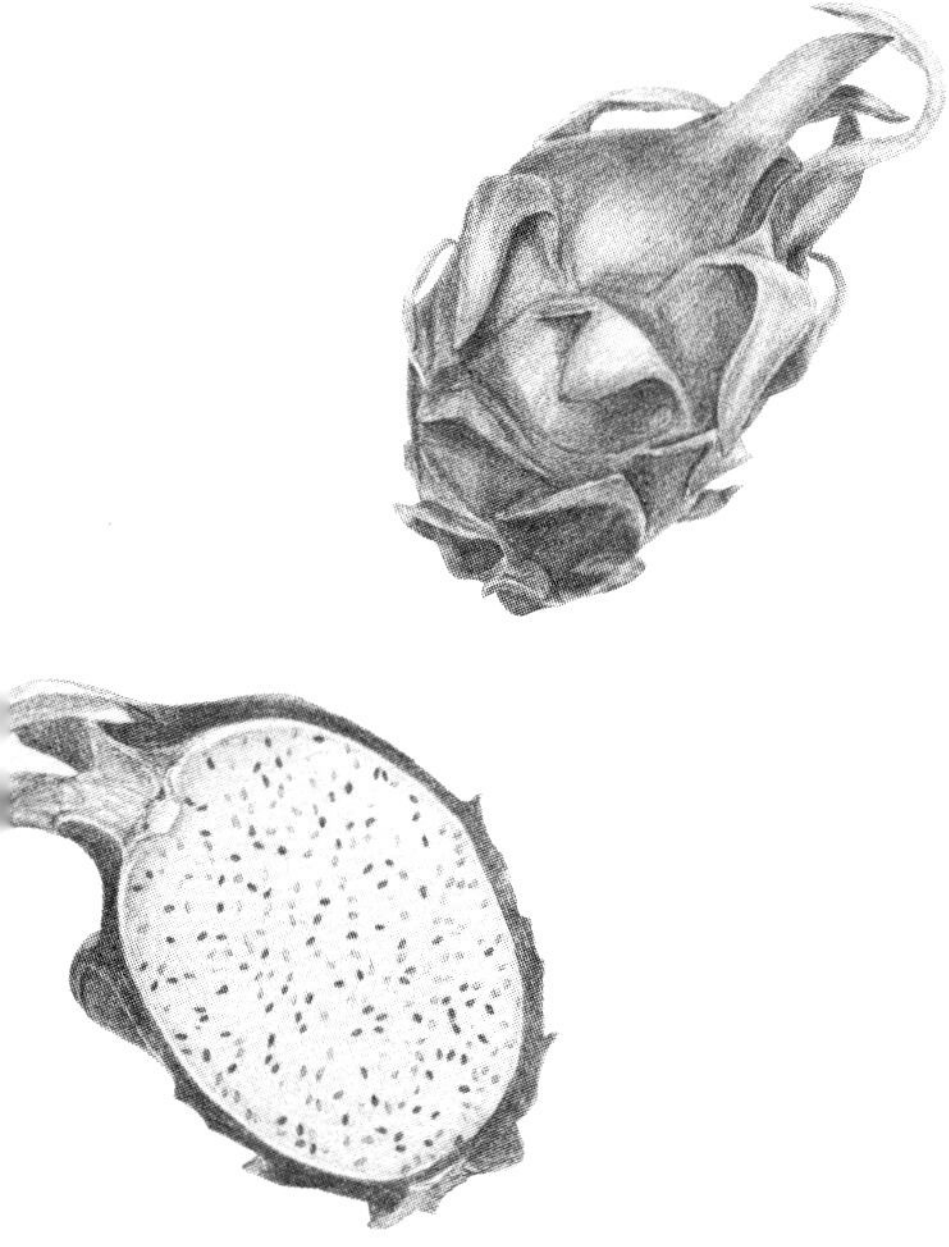

終章

美学を振りかざさないという美学

これからどんなふうに年齢を重ねていこう。私はどんな大人でありたいか。私が思う大人の美しさとは。

そんなことを考えてきました。

本書は、五十五歳現時点での私の美学を語った本、と言ってよいのでしょう。

自分を知りたいという欲求

いままで語ってきたことから明白なように、私には自分を知りたいという強い想いがあります。

両親からの愛情に恵まれたことは、ほんとうに幸運なことだと思っていますが、いわゆる文化資本のない環境で育ち、それがどの程度の影響を及ぼしているのか、大学を卒業するまでは文学にも映画にも美術鑑賞にもほとんど無縁で過ごしています。将来自分が芸術や映画を扱った本を書くようになるだなんて、想像もできませんでした。

それが、さまざまな出逢いのなかで、自分の存在が根底から揺り動かされるような大きな感動体験があり、それはクラシックコンサートであったり、美術館での一枚の絵との出逢いだったり、一本の映画、一冊の本だったりしますが、そういった体験を重ねて、しだいにいまの私という人間が創られてきたように思います。その感動体験はどんなものなのか、ひとことで言ってしまえば「美への感応」です。

241

美への感応

そして、絵画なり映画なり、ある人の生き方だったり、自分がそこにある美に感応したとき、それはなぜなのだろう、そこに何があるから私はこんなに胸うたれるのだろう、涙が出るのだろう、私のなかの何が感応しているのだろう、と考えてきました。考えずにはいられなかった、と言ったほうが正確でしょう。

その瞬間瞬間は「私は私の美学を追求している」なんて意識していなかったけれど、過去を振り返ってみれば、私はずっと自らの美学というものに興味をもち、いつだって美学というものに大きな価値を見てきたのだと思います。

いままでに書いてきた本、それは愛しい人たちの生き方だったり言葉だったり、絵画の本だったり、ときに小説という形式であったりしますが、すべてに私の美学――美に対する考え方、感じ方、趣味嗜好があります。

私には自分を知りたいという強い想いがある、と言いましたが、私は書くことによって、人生とは、生きるとは、愛とは、そして美とは、といったことと向き合い、自分という人間を知ろうとしているのかもしれません。ほかの人のことはわからないから、自分を探求することを通してしか、私が知りたいことを知るすべはないのです。

242

美学を周りにも求める人

私には私の美学があります。

けれど、それを周囲の人たちに振りかざす行為は、まったく美しくないので気をつけなければなりません。

このことは私にとって、とてもたいせつなことなので、具体的なエピソードをふたつお話しします。

ある秋の夜のことです。

そのころ私は周囲の人たちとの距離のとり方がよくわからなくなってしまっていて、苛立ったり落ちこんだりしているのに、なぜか涙が出てこなくて、これは感情が鈍感になってしまった証拠なんだわ、とさらに落ちこむ、という負のスパイラルに陥《おちい》っていました。

思い立って、その人を前にするとなぜか涙腺がゆるみやすくなる人に会いに行きました。十五年間結婚生活をともにしていて、いまは別のところで暮らしている人です。

彼とは出逢ってから三十年が経ちます。近況をしゃべり始めたら、とくに悩み相談をしているわけではないのに、ほんとうに最近の仕事や娘のことについて話しているだけなのに、やはりすぐに涙腺がゆるみました。不思議です。

色々な話をして、さいごのほうで私は彼に訊ねました。

「私って、どんな人？　って聞かれてたら何て答える？　いまぱっと浮かぶことは？」

周囲の人たちとの関係性に悩んでいたから、何か解決のヒントとなる言葉が欲しかったのだと思います。

彼はすぐに言いました。

「自分の美学を周りにも求める人」

「おしつけている？」

「おしつけてはいない、と思う。だけど求めてる、それはすごく伝わってくる」

「それはおしつけだね、私と暮らすの大変だったでしょう」

「そりゃあもう、いや、でもそういう人だとわかってるからね」

そんな会話をして笑いましたが、彼から言われたことは心に残りました。はじめて言われた言葉ではなかったけれど、いま現在の私を前にして出てきた言葉だということに大きな意味がある。やはり、どんなに気をつけていても、自分の美学を周囲の人にも求める、そう思わせてしまうものが私という人間には、こんなに気をつけているつもりなのに、あるのだ、とあらためて認識したのです。

243

「許せませんか」

それからまた少し時が経って、ある夏の夜の男友達とのおしゃべり。

彼は私が信頼し尊敬し、好意をもち続けていられる数少ない男友だちのひとり。同年代だからそれなりの時間を生きてきて、だけど、柔軟性を失うことなく自分を疑うという作業をいつだってしているところがほんとうに好きです。

彼は私を否定することがほとんどないので、その日も私は、共通の知人について、さいきん不愉快な思いをさせられることが多いこと、その人の何が嫌かといったことをべらべらとしゃべったのでした。

私が話し終えると彼は言いました。

「許せませんか」

「許せませんか？」という質問調でもなく、「許せませんか、そうかあ、許せないのかあ」というかんじでもなく、あなたはそれを許せないのだろうか、ほんとうにそうなのだろうか、そんな問いかけが含まれている口調での「許せませんか」。

このひとことを耳にした瞬間、体が硬直してしまいました。愕然《がくぜん》としたのです。なぜなら、彼の問いかけである「許す」という選択肢が自分のなかにまったくなかったことに気づき、それが信じがたかったからです。

硬直している私に、彼はしずかに続けました。

「完璧な人なんていないよね。そして人生にはいろんな時期がある。プライベート、仕事でうまくいっていないとき、理由もなく落ちこんでいるとき、そんなときにやらかしてしまう失態というものがあるし、他者に対しても攻撃的になってしまったりする。

それをもうどうしても受け入れられない、無理、もうだめ、と言うなら何も言わないけど、もうだめ、までいっていないのだとしたら、見守ったり、しょうがないよねと、まあ、ようするに決定的なジャッジを下さないでいてもいいんじゃないかなあ」

私は自分という人間の狭量《きょうりょう》さ、傲慢《ごうまん》さに、頬《ほお》を打たれ続けているような感覚のなかで彼の話を聞いていました。彼は美学という言葉こそ使わなかったけれど、彼の話を聞きながら脳裏に浮かび上がった私の姿は、自分の美学を振りかざすどころか、得意げに暴力的に振りまわして、自分の美学に反する人を平気で攻撃しているという、まったく美しくない人でした。

気をつけてはいても、これです。だからよほど用心しないといけない。もう何度目か忘れてしまったくらいに繰り返してきた反省をしました。

244
他者を同調させようだなんて

「美学を周りにも求める人」の話、そして「許せませんか」。

これらについて考えていると、ゲーテの言葉が浮かびます。

> 他者を自分に同調させようだなんて、そんな望みをもつこと自体がそもそも愚《おろ》かなことなのだ。

まさに私のことです。

美学を振りかざすのは美しくない、と言いながらも、ちょっとした表情、さりげなさを装《よそお》った口調などで、周囲の人を自分の美学に同調させようとする傾向が私にはあるのです。それだけではなく、「許せませんか」と問われたように、同調しない人は自分の生活圏から排除しようという、そういう心の動きも。

ゲーテは「愚《おろ》かなこと」だと言いましたが、私からすれば「まったく美しくないこと」です。それこそ私の美学にひどく反するので気をつけています。

自分を支える美学

実生活で私が気をつけていることとその理由をお話ししました。

美学を振りかざすのは美しくない。ほんとうにそう思います。

けれどこれは自分以外の人たち、周囲の人たちに対してであって、自分の内面に向けて振りかざすことならいくらでもすればいいと私は思っています。

自己の美学と徹底的に向き合うということです。そんなこと毎日なんてできないけれど、心が迷子になってしまいそうなとき、誰かから気になることを言われたとき、美しくないものを目撃したとき、淋しさや執着《しゅうちゃく》から自分が望まない行動をとってしまいそうなとき、そして、もうだめかもしれない、という漠然《ばくぜん》とした自信喪失《そうしつ》に陥ったとき、そんなとき根本のところで自分を支えるのは、自己の美学なのだと私は思います。

私の美学にいまの精一杯で向き合った個人的な自己探求の記録が、どこかにいるであろう私の仕事を受けとめてくれる読者、「大人の美学」という言葉に感応《かんのう》してくれる読者の方それぞれの個人の、美学を見つめるきっかけになったなら本望です。

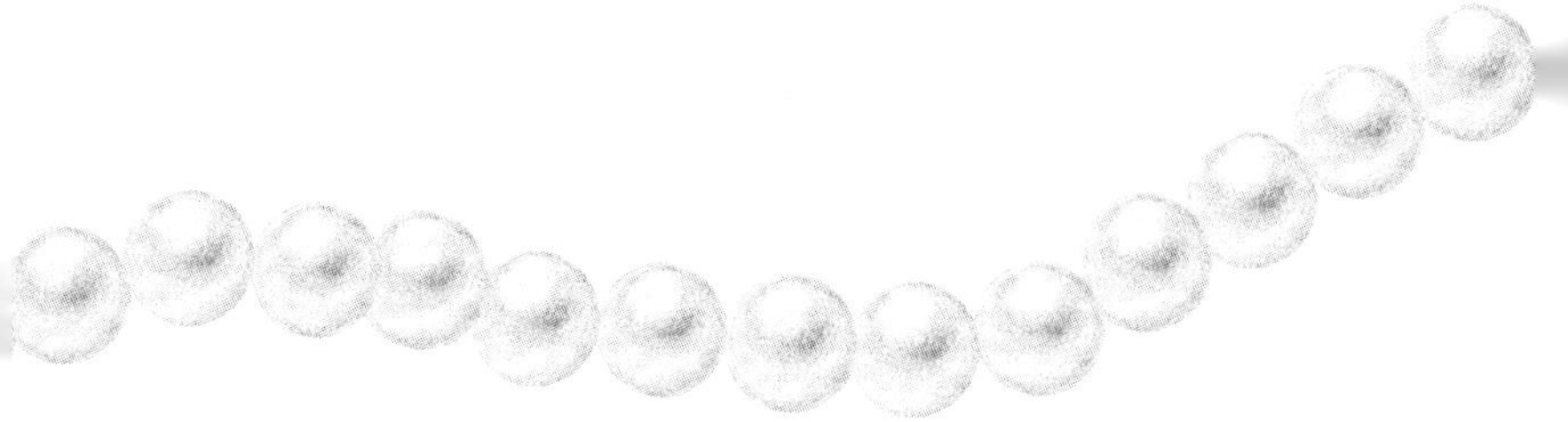

おわりに

二〇二一年もおわりに近づき、冷たく乾いた風に襟もとをきつく合わせて歩く日が増えてきました。

ようやく本書を出版することができそうで、安堵が胸に広がりつつあります。年齢を重ねるということ、そして美についての本を書こうと思い立ってから、二年近い年月が流れました。ほとんどをコロナ禍のなかで書いていたことになります。

本書は、その性格からすると、二十代半ばから三十代半ばまでのことを綴《つづ》った『うっかり人生がすぎてしまいそうなあなたへ』、三十代半ばから四十代半ばまでに出合った言葉をまとめた『逃避の名言集　特に深刻な事情があるわけではないけれど私にはどうしても逃避が必要なのです』に連なる本と言えるでしょう。本にしても映画にしても四十代の半ばから五十五歳の現在までにふれたものが中心だからです。

それにしても、美学なんてタイトルがついたものを、しかも私という一人称で語る、そんな本を出すのか、とあらためて考えると、おわりにを書いているいまも、ぎゅっと体の中心が緊張しますが、それでも私は書きたかったのだからどうしようもない、あとのことは考えないことにしましょうよ、と自分に言い聞かせつつ、本を書くということに必要な覚悟を想います。

うっとり吐息がでるほどに素敵なイラスト、デザインは、この方々にお願いしたい、という私のつよいリクエストで実現しました。

デザイナーの荻原佐織さんとはブルーモーメントの生き方シリーズ再版でご一緒していて、その仕事への情熱とセンスに惹《ひ》かれていたので、イラストの河井いづみさんは、いつかお願いしたいと思い続けていた方なので、おふたりと仕事ができたことはほんとうに嬉しいことでした。

私のリクエストにこたえてくださった担当編集者は、七冊の言葉シリーズ（最新作は『サガンの言葉』）を一緒に作ってきた藤沢陽子さん。

秋めいた風が心地いいあの日、四人でカバーイメージの打ち合わせをしたあのとき。原稿、パソコン、何枚ものデザイン案が広げられたテーブルの高揚感、私の原稿を読んでくださったうえで、それぞれの意見を出し合い、それに触発されてまたイメージが湧き出てきて意見が飛び交う。ああ、私、この空気感が好き……と胸が熱くなりました。黙々と悶々とひとりきりで書いてきて、本作りの最終段階に与えられたひととき。ひとりじゃないと思えた、あの貴重なひとときは私のなかに残るでしょう。

感謝を伝えたい人はたくさんいますが、なかでも書くうえでのたいせつなテーマとエナジーを与えてくれた福貴田純子さん、「切実な問い」で私を刺激し続けてくれる水上彩さん、ヨーガの世界のリーさん、「幸せな愛はない」の話をしてくれた井伊あかりさん、「学ぶことをやめた人」についての言葉をくれた萩原聡さん、ドランの映画の親友・平林力さん、「許せませんか」の佐藤和己さん、「美学を周りにも求める人」の竹井伸さん、そして八割くらいのところで立ち往生した私の原稿を読み、助言と励ましによって最後まで支えてくれたロビー……。みんな、こんな私のそばにいてくれて、ほんとうにほんとうにありがとう、といま絶叫したいくらいに思っています。

この二年の間、五冊の本を出版し、住むところを移し、娘の夢子がひとり出版社ブルーモーメントを立ち上げたりして、涙と笑いのなかで書いて考えて読んで観てアルゼンチンタンゴを踊って愛してきました。

本を書いているときはいつも、これが最後の作品になっても悔いのないものを、と想ってはいますが、本書はそこにこめる想いがことさらつよいように思います。

二〇二一年十一月十二日　タンゴが流れる都会の小さな部屋で

山口路子

山口路子（やまぐちみちこ）

1966年5月2日生まれ。作家。美術エッセイ、小説など著書多数。近年では、ひとり出版社ブルーモーメントから「生き方シリーズ」再生版の刊行が始まる。また、大和書房より刊行の言葉シリーズ（『オードリー・ヘップバーンの言葉』『マリリン・モンローの言葉』『ココ・シャネルの言葉』『ジェーン・バーキンの言葉』『マドンナの言葉』『カトリーヌ・ドヌーヴの言葉』『サガンの言葉』）が好評、累計50万部を超えた。新シリーズ『逃避の名言集』も話題となり版を重ねている。
山口路子公式サイト　http://michikosalon.com/

大人《おとな》の美学《びがく》
245の視点《してん》

2021年12月30日　第一刷発行

著者
山口路子

発行者
佐藤靖

発行所
大和《だいわ》書房
東京都文京区関口1-33-4
電話 03(3203)4511

デザイン
荻原佐織（PASSAGE）

イラスト
河井いづみ

写真
AFLO（p36.55.67.92.105.122.142.148.155.169.172）

編集
藤沢陽子（大和書房）

本文印刷
信毎書籍印刷

カバー印刷
歩プロセス

製本
ナショナル印刷

ISBN 978-4-479-78552-1

http://www.daiwashobo.co.jp